상위그룹 5%
학생들의 공부비법

상위그룹 5% 학생들의 공부비법

강현구 지음

나래북

공부의 새로운 제안!

 교정을 붉게 수놓았던 나무가 어느새 겨울 찬바람에 앙상한 가지만 드러낸 채 서 있는 것을 보며 시간의 흐름이 참 빠르다는 것을 가슴 깊이 느낀다.

 어느 땐가 아무리 노력해도 성적이 오르지 않는다고 고민을 호소하는 학생들을 보면서 어떻게 해야 도움을 줄 수 있을까? 하며 틈틈이 메모하고 학습에 도움이 되는 서적을 본 것이 어느새 한 권의 책으로 정리되었다.

 사실 공부에는 비법이 없다. 꾸준히 할 길로 걸어가는 것뿐. 그러나 흔히 우리가 알면서도 그 동안 몸에 배인 습관 때문에 '나는 머리가 나빠 안 된다'고 포기하는 학생들을 보면 공부에 바른 습관이 얼마나 중요한가를 일깨워주고 싶었다.

 이 책에서는 암기력과 집중력을 기르는 생활습관과 아이디어를 체계적으로 나열해 보았다. 내신성적, 수능성적은 IQ가 좋고 나쁨도 공부 시간이 길고 짧음도 아니다. 얼마나 집중하여 공부했느냐가 가장 중요하다.

한 가지 예를 들어보겠다.

2002년 한일 월드컵 이탈리아전에서 연장까지 가는 동안 온 국민이 8강의 꿈을 기워하며 가슴을 조였을 것이다. A선수가 연장전 골든 골을 넣는 장면은 온 국민들의 가슴속에 영원히 기억될 것이다. 골든 골의 결실은 마지막 순간까지 긴장을 늦추지 않고 집중하는 데서 나온 것이다.

이 책에서 강조하고 싶은 것도 그런 점이다. 이 책을 통해 흔히 일상 속에서 듣고 알았던 것을 실천으로 옮기지 못했다는 것을 깨닫는 계기가 되었으면 한다.

그동안 수능시험에 마음 고생한 학부모님과 수험생들에게 격려의 박수를 보내며 지금도 수능을 준비하고 있는 모든 학생들에게 도움이 되길 바라는 마음이다.

책을 출간하도록 힘이 되어 준 도서출판 나래북에 감사드리며 앞으로 시간이 허락되는 대로 새로운 공부법으로 수험생에게 도움이 되는 글을 쓰고자 한다.

_저자

CONTENTS | 차례

제1장
재미있는 암기법

암기도 만화책이나 소설책 보듯 재미있게 할 수는 없을까?

이 장에서는 일상의 생활을 통해 재미있게 암기할 수 있는 방법을 소개한다.

흥미를 가져라

　　자기가 좋아하는 팝가수의 노래는 유창하게 발음을 굴려가며 영어로 술술 부르지만 영어 단어는 잘 외워지지 않는다고 고민한다. 이것만 보더라도 '흥미와 관심이 있느냐 없느냐'는 암기에 큰 영향을 미친다는 것을 알 수 있다. 좋아하고 흥미가 있는 것에는 스트레스를 받지 않고 즐겁게 기억할 수 있다. 매일 도로의 자동차를 보고 다니더라도 별 관심이 없다면 무심히 지나치겠지만 자동차에 흥미가 있고 관심 많은 사람이라면 언뜻 지나간 자동차 범퍼만 보더라도 어떤 모델이고 특징이 무엇인지 줄줄 꿰고 있다.

　　나이가 들어 기억력이 떨어지는 것은 신체적 문제가 아니라 바로 인생에 대한 흥미가 줄어들기 때문이라고 말한 학자도 있다. 그러니 기억력, 암기력을 향상시키기 위해 흥미를 불러일으키는 것이 얼마나 중요한 매개 역할을 하는지 짐작이 가고도 남을 것이다.

사람은 반드시 자기 자신을 아끼는 마음이 있어야만 비로소 자기를
이겨낼 수 있고 자기 자신을 이겨낼 수 있어야만 비로소 자신을 완성
할수 있다. -왕양명

미국의 '오픈 스쿨 클래스'라는 초등학교는 파격적으로 학년제
수업을 없애고 통합교육을 실시하고 있다. 책상에 앉아 가르침을
받는 수동적인 교육과정이 아닌 학생 스스로 수업계획을 세워 공부
하는 파격적인 시스템을 도입했다. 그 결과 학생들은 자기에게 맞
는 방법으로 공부하는 것을 터득했고 이해력은 물론 기억력도 놀랍
게 높아졌다고 한다.

흥미는 기억력의 촉진제 역할을 한다. 싫어하는 과목은 곧 흥미
없는 과목으로 전락하고 만다. 흥미가 없으니 재미없고, 보고 싶지
도 않아지는 것이다.

이럴 땐 그 과목을 좋아하는 친구의 이야기를 들어보는 것도 한
방법이다. 싫어하는 과목의 담당선생님과 상담을 해본다거나 의도
적으로라도 과목 담당선생님께 관심을 가져보는 것이다. 그러면 그
과목 시간 전에 한 번이라도 더 책을 들여다보게 되고 선생님 질문
에 손들어 대답도 하다 보면 자신감이 생기게 된다.

작든 크든 일단 흥미를 가져 보자. 흥미라는 씨앗이 자라 관심이

라는 싹을 틔우고, 지식을 수분 삼아 흡수하여, 기억력과 암기력이
라는 멋지고 아름다운 꽃을 피우게 될 것이다.

중언부언(重言復言) 암기법

공부를 하다 보면 도저히 이해가 되지 않거나 외워지지 않을 때가 있다. 그럴 땐 혼잣말로 그 부분을 반복해서 중얼거려 보자. 계속해서 중얼거리다 보면 어느새 어렵고 이해되지 않던 부분이 내 입에서 술술 나오게 되는 것을 경험하게 된다.

'말'은 의식 안에서 작용하는 내언(內言)과 입을 통해 밖으로 표출되는 외언(外言)이 있다. 인간의 정신 발달 과정에서 보자면 외언에 의존하는 것은 정신 발달 단계가 아직 어리기 때문이라고 한다. 어린이들은 혼잣말을 하면서 놀기를 잘한다. 아이들은 귀로 듣고 그 자극을 받아들여 행동한다. 이런 방식으로 자신의 세계를 완성시키는 것이다. 그러다가 성장과 더불어 내언화가 발달되고 '말하면서 생각하는 단계'를 넘어선다. 이 과정에서 정신세계가 외부를 향해 확대된다.

사람은 성실할수록 자신감을 얻게 된다. 성실할수록 태도가 안정되어 간다. 성실할 때에만 자기가 엄연히 이 세상에 존재하고 있다는 생각을 갖게 된다. -아우렐리우스 아우구스티누스

암기해야 할 내용이 쉽게 외워지지 않을 때는 잠시 어린 시절로 돌아가 외언을 사용해 보는 것도 효과가 있다. 아무리 반복해도 머릿속에서 이해되지 않는 것은 마음속에 기억을 걸어줄 장치가 없기 때문이다. 하지만 한 번 외언화시키고 나면 의식의 흐름이 바뀌어 마음속에 기억을 걸어 줄 계기가 생기고, 기억을 도와줄 근원이 형성된다.

전 세계 헤비급 챔피언인 복서 무하마드 알리는 링에서 시합하는 내내 상대가 듣든 말든 계속 혼잣말을 했는데 이것은 자신의 의식을 시합에 집중하기 위해서였다고 한다.

평소 무의식적으로 중얼거리던 혼잣말을 의식적으로 암기에 사용하는 습관을 들여 보자. 사고의 흐름이 하나로 고정되면서 불필요한 잡념이 틈 탈 여지가 없게 된다.

영어 단어나 문장을 암기할 때도 외언을 이용해 보자. 이것이 자극제가 되어 기억을 강화시켜 준다. 간혹 버스나 전철 등에서 단어를 암기할 때 사람들로 붐벼 말을 하기가 곤란할 때는 소리를 밖으

로 내지 않더라도 마음속으로 단어 하나 하나를 의식하면서 반복한
다면 같은 효과를 얻을 수 있을 것이다.

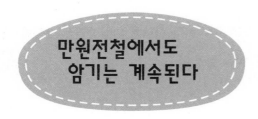

만원전철에서도 암기는 계속된다

 사람이 많고 답답한 만원 버스나 지하철에서 무슨 정신으로 암기를 할까?

그러나 사실 만원 버스야 말로 최적의 암기 장소다. '군중 속의 고독' 이라는 말처럼 아무도 없는 공간에 혼자 있는 것보다 모르는 사람들 틈에 서 있을 때, 더 고독함을 느끼게 된다. 낯선 사람들 속에서 혼자 동떨어진 느낌이 들 때 우리의 관심은 자기 내부로 향하는 것이 당연하다.

외국을 여행할 때도 마찬가지다. 언어도 사람도 나와는 다른 타국에서 제일 생각나는 것은 모국에 관한 일이라고 말하는 이가 많다. 낯선 곳에서 사람의 관심은 자기 내면을 향하고 있기 때문이다.

이런 면에서 만원 버스 안에서의 고독은 암기하기에 더 없이 좋은 기회다. 단편적인 지식을 받아들이는 암기는 단편적인 시간을 활용하는 것이 제격이다. 특히 영어 단어, 국사 등의 암기는 집중력이

사람은 자기 탓이 아닌 외부에서 일어난 죄악이나 잘못에 대해서는
크게 분개하면서도 자기의 책임하에 있는 자기 자신이 저지른 죄악
에 대해서는 분개하지도, 싸우려고도 하지 않는다. -블레즈 파스칼

필요하고 자주 페이지를 넘길 필요가 없기 때문에 이곳은 공부하기
에 더 없이 좋은 장소다.

거기다가 내려야 할 정거장이 다가올수록 목표의식이 생겨 집중
력도 높아진다. 내리는 역이 일종의 마감 시간 역할을 해주기 때문
이다.

잡음도
놓치지 마라

 길가, 집, 학교에서 자신의 목소리를 녹음해 보자. 아마 녹음기를 재생시키는 순간, 녹음할 때는 전혀 신경 쓰지 못했던 여러 가지 다양한 소리를 들을 수 있을 것이다.

창 밖 너머에서 들려오는 고양이 울음소리, 비행기 소리, 자동차 경적 소리, 가족 목소리 등 뜻밖의 소리가 담겨 있다. 녹음할 때 감지하지 못했던 소리를 심리학 용어로 「땅」, 녹음된 전체 내용을 「지도」라고 부른다. 이것은 서로 밀접하게 연결되어 있으면서 불가분의 관계를 갖는다. 녹음 당시에는 인식하지 못해도 주위의 잡음은 두뇌라는 인체의 컴퓨터 하드에 입력된다. 그래서 녹음 테이프에서 사소한 잡음들을 듣는 순간 기억 내용이 출력되어 당시의 상황을 떠올리게 되는데 이것이 바로 잡음이나 소음이 기억의 '땅'에 해당하기 때문이다.

소음을 통해 기억을 재생하듯 이런 원리를 암기법에 이용할 수 있

사람은 책을 만들고, 책은 사람을 만든다. -무명

다. 어떤 수험생은 단어장의 각 페이지 위에 여백을 남겨두었다가 암기할 때 들리던 잡음이나 상황을 적어 둔다고 한다. 그러면 나중에 기억을 되살릴 때 그 메모가 힌트처럼 작용을 하기 때문이다.

예를 들어「 'sentence'라는 단어를 외울 때 갑자기 자동차 경적이 울려 깜짝 놀랐다」라는 메모를 단어장에 적어두면 단조롭기 쉬운 암기도 재밌어진다. 사소한 잡음도 '기억보조장치' 역할을 훌륭하게 해낼 수 있는 것이다.

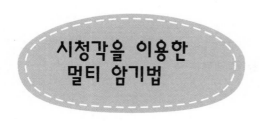

시청각을 이용한 멀티 암기법

시각과 청각은 서로 상호작용을 하고 있다. 그래서 시각, 청각 중 한 쪽의 자극만으로도 서로에게 영향을 준다. 이러한 두뇌의 시스템을 이해하고 활용한다면 공부의 효율을 높일 수 있다. 시각적인 방법에 이어 청각을 통한 방법으로 반복학습을 한다면 그 부분만큼은 명확히 암기할 수 있을 것이다. 다른 감각에 의한 자극을 받을 때 기억의 흔적이 강화되기 때문이다.

청각을 이용한 대표적인 학습법은 녹음기 청취다. 암기할 분량을 자신의 목소리로 녹음하여 등·하교 길에 반복해 듣는 것이다. 이렇게 그냥 버릴 수 있는 자투리 시간도 시청각을 이용하면 암기할 수 있는 절호의 기회가 되는 것이다.

암기도 기분전환이 필요하다

 시험시간은 다가오고 마음은 초조한데 책상에 앉기는 싫다, 또는 공부할 준비는 되었는데 책을 들여다봐도 머릿속에 들어오지 않는다면?

그럴 땐 과감히 책상에서 일어나자.

공원을 산책하면서 단어장을 암기한다든지 무작정 버스를 타고 가면서 암기한 것을 확인하는 등 환경을 바꾸어 줄 때 머리에 더 잘 들어올 수 있다.

시험을 치다가 암기한 내용을 잊어버렸다면, 전에 그 단원을 외웠던 장소를 기억해 본다. 기억을 되찾으려고 추리하는 과정이 실마리가 되어 기억을 더듬어 갈 수 있다.

그러나 벼락치기로 시간을 다투어 공부해야 할 때는 책상을 떠난다는 것이 쉽지 않다. 그럴 땐 공부 환경을 조금만 바꿔 본다. 의자의 위치나 높낮이를 다시 조절한다거나, 필기도구나 연습장을 바꾸

어 쓰는 등 사소한 변화도 기분전환을 도와 새로운 의욕이 솟아나
게 할 것이다.

친구와 수다 떨면서 내용을 확인하라

기억은 사용할수록 명확해진다.

친구와 이야기하면서 수업 내용과 정보를 교환하는 것은 암기에 큰 도움을 준다. 역사 공부를 하면서 자칫 단편적이고 추상적인 느낌이 들 때 해당 시대, 인물의 위인전을 읽고 나면 보다 생생하고 실감나게 기억할 수 있다. 같은 원리로 아직 확실하게 뿌리내리지 못한 기억이나 자신 없는 기억도 이 방법으로 보다 확실하게 뇌세포에 각인시킬 수 있다.

사람의 기억이란 그것을 획득한 시점에서는 아직 주관적인 상태에 있다. 이때 자기가 알고 있는 것이 옳다고 확신하게 된다. '지식을 받아들여 기억을 증진시키는 것'을 공부라고 한다면 그것은 매우 처절한 혼자만의 작업이다. 그러나 이토록 어렵게 받아들인 지식을 실제로 잘 적용하는 경우가 많지 않다. 결국 애써 얻은 지식도 뿌리내리지 못 하고 말라 죽게 된다.

　이런 억울한 경우를 막기 위해서라도 친구와의 대화를 통한 암기
법을 활용해 보자. 외운 지 얼마 안 된 주관적 상태에 있는 지식을
확고히 다지는 기회가 된다. 그러나 '누가 더 많이 알고 있는지 정
확히 알고 있는지'에 신경 쓰면 오히려 스트레스가 쌓이게 되므로
주의한다. 그냥 편한 마음으로 서로의 지식을 되짚어 보도록 한다.

　"너 프랑스 혁명이 어떻게 일어났는지 알고 있니?"

　"응, 전 국민이 자유와 평등한 권리를 보유하기 위하여 일어선 혁
명이라지?"

　"그래서 프랑스 입법의회는 해산되고, 국민공회(國民公會)가 성
립되었대."

　"국민공회는 프랑스 왕정을 폐지하고 공화정 채택을 선언했어."

　테마는 그 어떤 것이라도 괜찮다. 공부 시간 사이사이에 배우고
외운 내용을 체크하고 명확한 내 지식으로 만드는 작업을 갖는다.
같은 주제를 공부하면서도 서로 이해하고 받아들이는 방법이 다르
기 때문에 자신이 어렴풋하게 알고 있는 내용을 친구와의 대화로

정확하게 재정립할 수 있고, 또 반대로 친구에게 지적해 줄 수도 있
다. 명심하자! 기억한 것을 반복하면 할수록 확실한 내 지식이 된다
는 것을.

잡념이 동기를 유발한다

암기란 그리 즐거운 일은 아니다. 두뇌는 물론 마음에 부담을 줄 수 있기 때문이다. 뭔가에 집중해 암기하려고 하면 그 틈새로 더 재미있고 즐거운 일에 대한 유혹이 비집고 들어온다. 기억이 방해를 받아 집중이 안 될 때 잡념을 떨쳐내고자 필사적으로 노력하지만 그도 쉬운 일은 아니다.

이럴 때 잡념을 없애려 하기보다 오히려 잡념을 '집중하는 일의 촉진제'로 이용할 수 있다. '게임을 하고 싶다, 간식을 먹고 싶다'는 잡념이 들 때 정해 놓은 양의 공부를 마치고 나면, 그 보상으로 '맛있는 간식을 주겠다'고 자신에게 약속을 하는 것이다. 그러면 암기를 방해하던 잡념이 어느새 목표로 바뀌어 기억을 도와주는 좋은 수단이 된다.

잡념이 한두 개가 아니라 여러 가지 떠오를 때는 순위를 정해 놓는다.

가난과 희망은 어머니와 딸이다. 딸과 사귀고 있노라면 어머니는 어느 틈엔가 잊어버리고 만다. -장 파울

'1단원을 끝내면 컵라면을, 2단원을 끝내면 시원한 음료수를 마시면서 10분간 휴식을 갖는다, 3단원을 마치면 30분간 게임을 한다'

자기 마음속의 잡념을 조금씩 표출해 갈 때 점점 학습목표에 도달하는 자신을 발견하게 된다. 유치찬란한 방법일지는 몰라도 실제 보상 여부를 떠나 이 방법은 큰 효과가 있다. 작은 목표가 생길 때 그것에 집중할 수 있는 존재가 바로 사람이기 때문이다.

필기 자체는 암기가 아니다

수업시간에 수업을 듣는 태도나 필기 방법은 학생마다 천차만별이다. 그중에서 수업 내용을 한 자도 빠짐없이 적기 위해 안간힘을 쓰는 학생들이 있다. 그러나 필기하는 데만 열중하다보면 정작 자신이 암기하는 일을 놓치는 경우가 있다.

노트에 깨알 같은 글씨로 수업 내용을 완벽히 적었다고 해도 그 내용이 머릿속에 담아지지 않으면 아무 의미가 없다. 또한 힘들게 필기하는 데 들인 공만큼, 본래 목적인 암기에는 별 효과를 못 거두었다면 이 방법은 현명한 선택이 아니다.

노트나 책 여백에 열심히 필기를 하면서 그 자체로 지식이 쌓이고 있다는 대리만족을 느낄지는 모르지만 그 외의 효과는 없는 것이다. 그렇다고 필기를 하지 말라는 것은 아니다.

필기는 최소한의 요점을 간단히 기록하도록 한다. 기록한 요점을 중심으로 수업 내용을 상기하는 훈련을 반복하면 기억은 더욱 명확해진다.

즐거운 일을
생각하며 암기하라

사람은 태어나면서부터 희로애락(喜怒愛樂)의 다양한 경험을 하면서 성장한다. 그중에서도 슬프고 괴로운 일보다도 즐겁고 행복했던 일이 기억에 더욱 오래 남는다고 한다. 정신분석학자 프로이트는 '자아에 위협을 주는 대상은 무의식의 세계에 억압되어 웬만해서는 의식세계에 드러나지 않는다'고 말했다.

우리가 가끔 '좋지 않은 기억'에 관한 꿈을 꾸는 것도 그 기억이 무의식의 세계에 남아 있기 때문이다.

이런 정신활동을 고려해 보면 암기 과목을 공부할 때 최대한 즐거운 경험과 결부시키는 것이 좋다는 결론이 나온다.

인상을 쓰면서 암기를 하면 그 기억은 곧장 무의식의 세계로 침몰해 버린다. 하지만 즐거운 추억과 함께 담아 놓은 지식은 제 아무리 어렵고 난해한 부분일지라도 기억 파일에 안전하게 저장된다.

자! 이제 나에게 가장 즐거운 일이 무엇인지 지금부터 하나씩 꼽아보면서 암기하자.

정리형
인간

얼마 전 '아침형 인간'이 붐을 일으키더니 '**형 인간'
이라는 단어가 유행어처럼 번졌다. 그중 하나가 '정리형
인간'이다.

평소 공부할 때 '정리형 인간' 스타일로 암기해 보자. 매일 조금
씩 정리를 잘하면 대청소가 필요 없는 것처럼 매일 선행학습이나
복습을 조금씩 해둔다면 시험에 닥쳐 공부에 쫓기지 않는다.

책상이 깨끗이 정리되어 있으면 집중도 잘된다. 공부를 하다 지
쳤을 때 잠시 머리를 식히면서 재미있는 만화책을 볼 수도 있다. 그
러나 다시 공부를 시작할 때 만화책이 책상 위에 버젓이 놓여 있다
면 신경이 자꾸 만화책 쪽으로 쏠리게 된다. 이렇게 되면 집중력이
떨어지고 공부의 흐름을 방해하는 요소가 되기도 한다.

특히 암기 과목을 공부할 때 책상 위를 깨끗하게 치워 암기에 필
요한 자료 외에는 눈에 띄는 물건이 없도록 한다. 그러면 시선이 분

가르치는 것은 두 번 배우는 것이다. -주베르

산되지 않아 집중력도 높아지고 능률도 오르게 된다.

공부 도중에 참고서나 필통을 찾느라 두리번거리다 보면 공부의 흐름이 깨지면서 집중력이 떨어지게 된다. 수험생에게 집중력은 공부의 능률과도 마찬가지다. 공부를 시작하기 전에 교과서와 참고서, 문제집, 문구류 등을 완벽히 정리를 해둔다면 사소한 것으로 인해 집중력을 뺏기는 일은 없을 것이다.

한 가지 더 있다. 좋아하는 연예인이나 운동선수 한두 명쯤은 있을 것이다. 방에 대형브로마이드를 붙여 놓는 학생도 있다. 그러나 책상을 중심으로 시야가 미치는 범위에 연예인 브로마이드나 캐릭터 인형 등을 배치하면 주의가 산만해질 수가 있다.

개인 공부방이 있는 학생의 경우, 공부에 전념할 수 있는 공간과 잠시 쉴 수 있는 휴식 공간으로 확실하게 정리해 두는 것도 좋은 방법이다.

암기 과목은 시험 직전까지 미뤄라

암기는 크게 논리적인 암기와 무조건적인 암기로 나눌 수 있다. 영어 단어, 한자, 화학의 원자기호 등은 무조건적으로 외워야 하지만 역사의 흐름과 수학 해법은 논리적으로 이해하면서 암기해야 한다. 이렇게 논리적 암기는 쉽게 이해되진 않지만 한번 내 머릿속에 저장이 되면 그만큼 쉽게 지워지지 않는다. 그러나 무조건적 암기는 쉽게 이해되는 만큼 또 쉽게 잊어버린다.

쉽게 지워지는 무조건적인 암기 과목은 시험 바로 전까지 미뤄 두자. 미리 공부해 두면 시간이 지남에 따라 기억도 희미해질 수 있기 때문이다. 암기 과목은 '시험 당일까지 그 내용을 숙지하고 있나' 하는 것이 관건이다. 무조건 암기해야 하는 과목은 한 달 전에 공부했다가 잊어버리는 것보다 시험 일주일 전에 몇 번 반복해 주는 것이 좋은 점수를 얻을 수 있는 길이다.

하품과 기지개를 수시로 해라

 우리는 사람들 앞에서 하품을 하는 것은 예의에 어긋난다고 배워왔다. 상대방이 하는 말이 따분하다는 뜻으로 잘못 해석할 수 있기 때문이다.

하지만 하품이나 기지개는 머리를 상쾌하게 해주고 부족한 산소를 빠르게 공급해 준다. 근육을 일시적으로 긴장시켜 두뇌의 활동을 왕성하게 해주며, 혈액순환 촉진으로 피로물질도 빨리 배출해 준다.

기지개 한 번으로도 몇 가지 체조를 동시에 하는 효과를 준다고 하니 피로를 풀 때 책상 앞에서도 간단히 할 수 있는 쉽고 간편한 운동이다.

공부를 하면서 속도가 나지 않는다거나 집중력이 떨어진다고 느낄 때, 입을 크게 벌려 하품을 하면서 기지개를 쭈욱 펴보자. 머리가 맑아졌으면 이제 더 열심히 공부에 집중할 수 있을 것이다.

상상력을 동원하라

입체영화(3Dimentional Picture)가 재미있고 스릴 있는 이유는 내가 마치 영화 속에 존재하는 인물이 된 듯 착각하게 만들어 주기 때문이다. 진짜 비행기를 타고 나는 것 같고, 낭떠러지로 떨어지는 것처럼 공포를 느끼게 된다.

어떤 학생은 역사를 공부하다 보면 마치 자신이 과거 역사 속의 인물이 된 것처럼 느껴져 역사의 인물들과 함께 호흡하는 느낌을 받는다고 한다. 이러한 상상력을 학습에 도입하면 큰 효과가 있다. 마치 영화를 보는 듯한 기분으로 공부를 한다면 공부시간이 지루하거나 따분해지지 않을뿐더러 기억력을 끌어올리는 데도 도움이 되니 그야말로 '꿩 먹고 알 먹고'다.

상상의 나래를 마음껏 펼칠 수 있는 이미지 연상법을 활용해 보자. 혼자 감독, 연출, 작가, 주인공 일인다역이 되어 멋진 영화 한 편을 완성해 보는 것이다.

화장실은
제2의 공부방

화장실에 책이나 잡지를 놓아 두는 집이 많이 있다. 화장실에 들어가면 좋든 싫든 불가항력적으로 앉아 있어야 하고, 자연스럽게 책이나 신문에 손이 가기 마련이다. 이것은 시간을 때우기 위함이거나 화장실에 앉아 있는 시간이라도 쪼개서 정보를 습득하기 위해서이거나, 둘 중 하나일 것이다.

화장실은 짧은 시간에 정확히 암기할 수 있는 최적의 장소다. 어떤 사람은 화장실에 앉아 있으면 아무도 방해하는 사람이 없어 편안한 느낌을 받는다고 한다. 화장실에 있으면 집중력이 높아져 난해하고 어려운 책도 이해가 빨라지고, 기억이 희미해져 확실하지 않았던 부분도 정확히 암기할 수 있다. 평소 자신 없는 과목이나 쉽게 이해되지 않는 과목을 화장실에 갖다 놓으면 매일 한 번 이상은 들춰보게 될 것이다. 매일 꾸준히 반복하다보면 어느새 책 한 권을 섭렵하고, 자신 없던 과목에 어느 정도 자신감이 생기게 될 것이다.

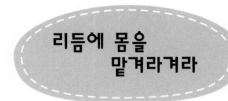

리듬에 몸을 맡겨라겨라

"애, 다리 좀 가만 두고 공부할 수 없니? 원 공부를 머리로 하는 건지, 발로 하는 건지 모르겠다."

"제가 언제요? 어, 그랬구나. 몰랐는데….."

열심히 공부를 하다 보면 나도 모르게 발로 책상 밑을 두드리거나 손가락으로 책상을 톡톡 두드리는 행동을 할 때가 있다.

정신분석학의 선구자 프로이트는 어린 시절, 문법을 암기할 때 방 안을 돌아다니며 벽을 손으로 톡톡 두드렸다고 한다. 의식을 집중하기 위해 이같은 행동을 한 것인데 "리듬에 맞춰 공부를 하면 기억력이 증가한다"는 것을 보여 준 대표적 예다. 이것이 습관이 되어 두드리는 소리나 리듬을 타지 않으면 생각을 집중할 수 없는 사람도 더러 있다.

일정 간격으로 반복되는 리듬은 집중력을 높이는 효과가 있다. 청각과 시각은 서로 연계되어 있기 때문에 리듬감이 감각의 중심을

가장 감사해야 할 것은 신이 주신 능력을 제대로 이용하는 것이다.
-트릴로프

잡아주는 역할을 한다. "목탁을 두드리면서 불경을 외우면 훨씬 빨리 외울 수 있다"는 스님도 있다.

부드러운 리듬에 맞춰 암기를 하면 암기도 즐거운 놀이시간이 될 수 있다.

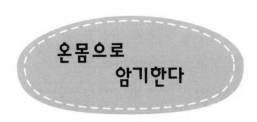

온몸으로 암기한다

　　때로는 단 한 번의 눈빛이 백 마디 말을 대신할 때가 있다. 서툰 영어로 외국인과 대화를 할 때도 영어보다 손짓 발짓이 앞서기 쉽다. 그렇게 온몸으로 바디 랭귀지를 했을 때 서툰 영어 한두 마디보다 확실하게 전달 될 수 있다.

　　기억에 있어서도 마찬가지다. 책상에 앉아 지루하게 책을 읽고 쓰기만 할 것이 아니라 일어나 방 안을 걸어다니며 책을 보거나 암기를 해보자. 손으로 표현해 본다거나 머리를 끄덕이는 등 온몸을 이용해 가면서 공부하면 보다 효과적이고 재미있게 암기할 수 있다.

단어암기, 재미있게 하려면

단순히 역사의 연도를 외우거나 영어 단어를 암기하다 보면 자칫 따분해질 수 있다. 지겨워지면 집중력도 떨어진다. 그렇다면 암기를 보다 효과적으로 할 수 있는 방법이 없을까? 자신이 공부한 분량을 스포츠 해설가가 되어 혼자서 중계를 해보자. "자, 오늘 ***선수가 어디까지 외웠는지 알아볼까요? 아, 오늘은 어제 암기 기록보다 두 단계나 올라섰습니다. 이대로 가면 이번 달 안에 신기록을 세우겠는데요."

스스로에게 칭찬과 격려를 하면서 공부 중에 흥을 돋아 의욕을 살리고, 집중력도 높일 수 있다. 친구들과 내기를 하는 것도 한 방법이다. 누가 더 단어를 많이 외웠는지를 경쟁해서 이긴 사람이 차비를 얻는다든가 아이스크림을 먹는다든가 하는 등 선의의 경쟁을 하는 것도 좋다. 이렇게 연구하다 보면 자신에게 딱 맞는 암기법을 찾아낼 수 있다.

싫은 과목이라면
처음엔 조금씩만 하자

어떤 일에 대해서 의욕을 상실했거나 거부감이 생기고, 게다가 나쁜 기억까지 있는 상황이라면 그 일을 볼 때마다 짜증나고 회피하려는 심리가 작용하게 된다. 의욕을 상실했다는 것은 그 일에 아직 익숙하지 못하다는 뜻과 일맥상통한다.

사람의 집중력은 그리 길지 않다. 아주 특별한 경우를 제외하고는 고작 20~25분 정도라고 한다. 게다가 오래 집중하지 못하는 사람이 갑자기 20분 동안 싫어하는 일에 집중해야 한다면 그 20분이 2시간처럼 길게 느껴질 만큼 힘든 시간이 될 것이다.

그러나 딱 5분만 집중하라고 한다면 아무리 싫은 과목이라도 '이쯤이야' 하는 가벼운 마음으로 공부에 집중할 수 있다. 이것을 일주일, 혹은 한 달만 해보자. 그 후에 어느 정도 흥미가 생겼을 때 시간을 5분, 10분씩 연장해 가면 차츰차츰 집중력도 배가 된다.

나만의 스타일로 올인(all in)한다

 공부는 어디서나 할 수 있지만, 언제나 집중할 수 있는 것은 아니다. 공부할 장소를 잘 선택하면 집중력도 높이고 즐겁게 공부할 수도 있다.

집 안의 공간 어디든 자신만의 장소를 한 군데 정해 보자. 꼭 공부방이 아니더라도 집중하기 쉬운 장소를 정한다. 의욕이 떨어지거나 집중이 잘 안 될 때 '나만의 공간'에서 공부하는 것도 기분전환에 도움이 된다.

어떤 일에 집중하는 방법에는 각자 자기만의 스타일이 있다. 의자를 흔들흔들 약간씩 돌리면서 책을 읽거나는다거나, 다리를 책상에 올려놓아 편안한 자세로 공부하는 등 자신만의 스타일로 공부에 올인하자.

공부가 재미없다면
차라리 습관이 되게 하라

사람은 누구나 자신 있고, 하고 싶은 일만 하면서 살 수는 없다. 도저히 하고 싶지 않은 일, 힘든 일도 존재하는 법. 이런 일은 억지로 시작했어도 끝까지 최선을 다해 집중하기 어렵고, 그 결과 또한 만족스럽지 않다.

이럴 땐 일을 마쳐야 한다는 부담감보다 그 일에 대해 재미를 붙여 보겠다는 마음을 가지고 그것이 생활습관이 되도록 노력할 필요가 있다.

프랑스 철학자 폴 발레리는 매일 새벽에 일어나자마자 떠오르는 생각을 노트에 메모하는 습관을 십 년 이상 꾸준히 이어왔다고 한다. 그도 처음엔 이렇다 할 생각이 떠오르지 않아 어색했다고 한다. 하지만 1주 2주, 1달 2달 계속되자 자신도 모르게 아침에 일어나 기지개를 펴는 것처럼 자연스러운 습관이 되었다. 그러자 의식적으로는 생각지 못했던 아이디어가 봇물처럼 쏟아졌던 것이다.

가장 높은 곳에 올라 가면, 가장 낮은 곳부터 시작하라.
푸블리우스 시루스

노트가 곧 그의 위대한 업적으로 이어지는 통로 역할을 해준 것은 말할 필요도 없다. 폴 발레리는 단순한 습관이 자신에게 얼마나 큰 열매를 맺게 해주는지를 보여 준 대표적인 인물이다.

그의 습관을 학습에 적용해 볼 수 있다. 자신 없는 과목을 정복하고 싶은 학생에게 추천하는 방법이다.

먼저 매일 아침 기상 시간을 조금만 당겨 보자. 일찍 일어나는 습관을 갖는다면 취약과목의 반은 해결한 셈이다. 사람에 따라 차이는 있지만 대부분 아침 시간에 집중력이 높다. 이 황금 시간을 공부에 집중한다면 다른 시간대의 공부 효과보다 몇 배는 높아질 것이다.

그래도 어쩐지 부족하다고 느껴진다면 마음에 맞는 친구 몇몇과 함께 할 수 있는 방법을 실천해 보자. 평소보다 조금씩 일찍 등교해서 친구들과 함께 자신의 취약 과목을 공부하는 것이다. 그러면 서로가 든든한 동지애를 느끼며 힘을 얻을 수 있고, 격려와 믿음 속에서 자신감도 얻게 된다.

재미를 느끼며 공부하지 못한다면, 생활습관으로 자리 잡을 수 있도록 방법을 찾자. 보다 효과적으로 집중하여 공부할 수 있게 된다.

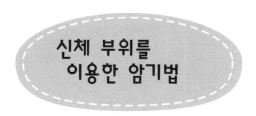

신체 부위를
이용한 암기법

 　　사회, 지리, 역사 등 나열된 지식이 많은 과목을 암기할
때는 난감할 때가 있다. 그 말이 그 말 같기도 하고, 비슷
비슷해서 암기하기가 여간 힘든 것이 아니다.

　이럴 때 조금은 유치한 듯하지만 머리, 이마, 눈, 코, 귀, 입, 목,
가슴, 배, 다리, 발 등에 암기사항을 연결해서 외우는 방법을 사용
해 보자. 이렇게 암기하면 연상작용으로 기억하기가 좋다.

　불교의 팔정도를 외울 때, 이 예를 적용해 외워 보자.

　머리로는

　'정사유(正思惟;올바른 사유와 그에 따른 실천)' 하고,

　입으로는

　'정어(正語;진실된 말)' 를,

　손으로는

　'정업(正業;부정한 행위를 삼가는 것)',

배는

'정명(正命;올바른 생활 방식으로 의식주를 바르게 하는 것)' 이
요,

가슴은

'정정진(正精進;바른 마음가짐으로 노력)' 인데,

귀로는

'정념(正念;실체와 사고 감정의 움직임에 대해 깨어 있는 것)' 하
고,

발로는

'정정(正定;바른 선정으로 심신을 조용히 갖고 무상무아(無常無
我)를 깨닫는 것)' 하여라.

제2장
초고속 암기법

시험은 코앞이고 외워야 할 것은 태산인데 정작 해 놓은 것은 없다. 그렇다고 여기서 포기하면 안 된다. 지금도 늦지 않다. 한번에 많이 그리고 빨리 외워야 할 경우의 암기법 노하우가 여기에 있다.

MEMO

Yes, I can!

　"기억력이 나빠서 사람 이름과 얼굴이 같이 외워지질 않아요."

　"숫자에 약해서 친구의 전화번호나 생일 등을 자꾸 잊어버려요."

　이처럼 자신의 기억력과 암기력에 한계가 있다고 오해하는 학생들이 더러 있다. 숫자에 약하다고 기억력이 나쁜 것은 아니다. 사람 이름을 기억할 수 없다고 해서 기억력이 나쁜 것은 더더욱 아니다. 직접적 기억력에는 개인차가 있지만 이름, 숫자, 문장 등 그 중에서 무엇 하나가 강하다고 해서 기억력이 좋다고 볼 수 없고, 반대로 그 중 하나가 약하다고 해서 기억력이 나쁘다고 할 수 없다. 이 개인적인 차이는 훈련에 의해서 얼마든지 개발할 수 있는 부분이다.

　영어에 자신이 없는 한 학생이 '어떻게 하면 영어를 잘할 수 있을까'를 고민하다가 아이디어를 찾아냈다. 영어 단어를 하나 외울 때

가장 훌륭한 예언은 상식, 즉 우리의 원래의 지혜이다.
-에우리피데스

마다 'I did it!(나는 해냈다)' 소리를 지르면서 외운 단어가 적힌 종이를 비행기처럼 접어 베란다에서 날려 버린 것이다. 물론 이웃집에 실례되는 행동이기는 하지만 그 학생은 얼마 안 있어 어휘력이 놀라울 정도로 향상되었다.

그렇다. 암기에 있어 중요한 것은 자신감이다. 자신감이 부족하면 뇌세포 활동이 억제되어, 기억력도 함께 둔해진다는 사실을 생리학에서도 증명하였다. 심리학에서는 이를 '억제 효과' 라고 부른다. '자신감이 없다, 뇌세포 활동이 억제된다, 암기가 안 된다, 그러면 심리적으로도 위축된다.' 자신감이 없으면 이런 악순환은 계속된다. 이 모순을 해결하려면 먼저 자신을 가져야 한다.

어릴 때부터 불렀던 '학교종' 같은 노래는 지금도 잊어버리지 않는다. 나의 부모님, 친한 친구, 담임선생님의 이름은 기억한다. 아무리 전화번호가 외워지지 않는 사람이라고 해도 자기 집 전화번호는 알고 있을 것이다.

무의식적으로라도 '할 수 있다' 는 마음이 있었기 때문에 아무 문제없이 기억할 수 있었던 것이다.

　이 장에서는 짧은 시간에 많은 양을 암기할 수 있는 여러 가지 방법을 소개하려고 한다. 그러나 그에 앞서 '나는 할 수 있다', '나는 해낼 것이다'라는 자신감을 갖는 것이 우선이다. 자신감이 생겼다면 암기력의 반 이상은 이미 갖춘 것이다.

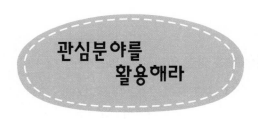

관심분야를
활용해라

90승 44무 77패, 376득점, 311실점. 자신이 좋아하는 프로축구팀의 성적, 순위와 게임차, 그리고 좋아하는 선수의 경기 기록은 일부러 외우지 않아도 줄줄 꿰고 있다. 스포츠뿐 아니라 자신의 관심사와 취미의 경우도 마찬가지다.

자신의 취미나 관심사를 벼락치기 암기법에 이용할 수 있다. 특히 빨리 암기해야 하는 과목에 더욱 효과적이다. 먼저 암기할 내용에 가제(假題)를 정한다. 이때 자신이 좋아하는 영화나 소설, 노래 제목을 붙이면 더욱 좋다.

예를 들어 「임진왜란 잔혹사」 3대 주연; 한산도 편-이순신 / 진주대첩 편-김시민 / 행주대첩 편-권율, 마지막 노량대첩 편에서 일본군이 퇴각하는 장면을 끝으로 영화의 막이 내리다' 라고 외울 수 있다.

방법이나 형식은 아무래도 상관없다. 특히 당장 내일로 시험 날

짜가 다가와서 밤샘 공부를 해야 할 경우에 이 방법을 사용해보자.
빠른 시간에 많은 양을 암기하더라도 기억이 겹치는 위험을 방지해
준다.

힘들여 암기한 내용이 막상 시험날 가물가물해진다면 밤새운 공
이 사라지고 만다. 그러나 취미나 관심사를 암기 과목의 한 단락씩
연결해서 암기한다면 기억의 실타래가 꼬이지 않고 술술 풀려 나올
것이다.

커닝 페이퍼를
만들어라

제목만 보고 놀라거나 오해하지 말자. 실제 시험장에서 어떤 문제가 나올지 예상문제를 뽑아본 다음 답안을 작성해 보는 것이다.

평소 공부하듯 연습장에 적는 것은 큰 효과가 없다. 커닝 페이퍼를 만든다는 생각으로 조그마한 종이에 깨알처럼 써보자. 적당한 긴장감과 스릴이 생겨 답안을 작성하는 동안에 이미 내용을 암기할 수 있게 된다.

또, 시험 문제를 다양한 각도로 예상하면서 기록하면 자신의 주관적 지식이 객관적으로 정착된다. 특히 기억된 자료를 다양하게 응용할 수 있도록 기억을 촉진시키는 효능이 있다.

한 가지 방법으로만 암기를 할 경우, 그 연관된 내용이 머릿속에 떠오르지 않아 쉽게 잊어버릴 수 있다. 그러나 다양한 방법으로 공략을 하면 문제들 간에 다양한 연관성이 막을 이뤄 기억하기가 더욱 쉬워진다.

그러므로 완벽하게 이해된 커닝 페이퍼는 더 이상 시험장에 가져
갈 필요가 없어지는 것이다.

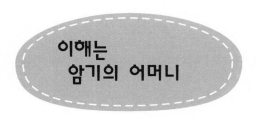

이해는
암기의 어머니

우리는 자주 '잊어버렸다'고 말할 때가 있다. 그러나 실제로 잊어버렸다기보다 '완전히 이해하지 않은 상태'일 경우가 의외로 많다. 그러니까 '건망증이 심하다'고 고민하지 말자. 건망증이라기보다 정확하게 이해하지 못해서 원래 제대로 머릿속에 기억되지 않았던 것이니까. 정확하게 이해하는 것이 기억력 증진으로 이어진다는 것이 부동의 진리다.

바세트라는 심리학자는 '어떤 단편을 이해한다는 것이 기억을 강화시켜 준다'는 논리를 확증하기 위해 한 역사학과 학생들을 대상으로 실험을 했다. 그 결과 역사적인 사실의 의미를 잘 이해하는 학생이, 단순 사실은 완벽히 암기하나 이해력이 낮은 학생보다 훨씬 기억력이 뛰어나다는 사실을 증명했다.

그러므로 '나는 왜 기억력이 없을까' 하기 전에 다시 한 번 학습한 것을 정확히 이해하고 있는가를 확인해 본다. 그리고 단순암기보다 이해하면서 공부하는 것이 훨씬 더디게 보이더라도 사실은 기억력을 높이는 가장 빠른 지름길인 것이다.

수업 후
5분을 잡아라

외워야 할 범위는 넓은데 도무지 진도가 나가지 않을 때, 수험생 대부분은 한 번 외운 것은 제쳐 두고 자꾸 새로운 부분을 공부하려는 경향이 있다. 처음부터 끝까지 한 번 훑어봤다는 것에 심리적 위안을 받으면서 '다음에 다시 한 번 복습하면 된다' 생각하고 지나기 쉽다.

암기는 반복이 중요하다. 그러나 몇 시간 후에 반복하든, 며칠 후에 반복하든 같은 효과라고 생각하면 큰 오산이다. 같은 복습이라도 최초의 기억에서 몇 시간 후에 반복하느냐에 따라 효과가 전혀 달라지기 때문이다. 에빙하우스라는 독일 심리학자의 '망각이론'에 의하면 학습한 지 10분이 지나면서부터 망각이 시작되어 1시간 후엔 50% 이상을, 한 달이 지나면 배운 것의 대부분을 잊어버리게 된다고 한다. 공부한 뒤 5분 안에 복습을 하면 하룻동안 기억이 유지되고, 다음 날 다시 5분을 복습하면 일주일이 유지되고, 일주일 뒤 다시 복습하면 한 달, 한 달 뒤에 복습하면 6개월 정도 기억이 유지된다는 이론이다.

공부하는 수험생에게 무엇보다 중요한 것은 개념을 이해하고 기억하여 문제를 풀어내는 능력을 기르는 일이다. 그러므로 기왕 복습을 하려면 완전히 잊어버린 것을 새로 암기하는 것보다 어렴풋하지만 아직 아우트라인을 가지고 있을 때 기억을 보강해주는 것이 더 능률적이다.

수험 생활은 시간과의 싸움이다. 주어진 시간은 누구에게나 똑같다. 그러나 그 시간 안에 누가 더 효율적으로 많은 양을 공부할 수 있느냐가 승패를 좌우한다. 배운 것을 10분 안에 복습하는 학생과, 한 달 뒤에 복습하는 학생이 각각 공부하는 데 들이는 시간과 효과에는 엄청난 차이가 있다. 그리고 그것이 바로 성적으로 직결된다.

참고서도 궁합이 있다

참고서를 고를 때 어떤 기준으로 선택하는가? 널리 알려진 출판사의 참고서인지, 저자의 약력이 화려한지, 혹은 표지가 맘에 드는지 등등 내용은 보지도 않고 부수적인 것에 현혹되어 참고서를 선택하는 경우가 종종 있다. 그러나 이런 함정에 빠져서는 안 된다. 아무리 잘 알려진 강사나 교수가 썼다고 해도 나만의 공부 스타일, 암기 체제와 다른 저자가 쓴 참고서라면 다른 사람은 몰라도 내 자신에게는 큰 도움이 안 되기 때문이다.

텔레비전 광고나 잡지에서 본 유명브랜드의 옷이 너무 예뻐 보여 막상 사서 입어 보면 나에게는 전혀 어울리지 않을 때가 있다. 마찬가지로 공부도 자신의 스타일에 맞는 참고서를 고르는 것이 중요하다. 또 '취향에 맞는' 참고서를 고르기 전엔 함부로 사지 않겠다는 철칙을 갖자. 같은 시간을 투자해 공부를 해도 성과를 올리지 못한다면 얼마나 억울한 일인가.

삶을 살찌우는 명언

거룩하고 즐겁고 활기차게 살아라. 믿음과 열심에는 피곤과 짜증이
없다. -어니스트 핸즈

전천후 학습법

반복학습의 중요성은 앞 장에서도 말한 바 있다. 그러나 반복에 치중하다 보면 진도가 더디게 나갈 수밖에 없다. 복습을 하면서도 진도를 빨리 나갈 수 있는 방법은 없을까?

이럴 때 전천후 학습법(점진 반복법)을 실천해 보자.

'1보 전진, 2보 후퇴!'

일단 공부해야 할 부분을 3단원으로 나누어 본다. 1단원이 끝나면 즉시 2단원으로 넘어가고, 그 다음 잠시 멈춰 1, 2단원을 함께 복습한다. 그런 후 3단원을 공부한 뒤, 이번엔 3단원 모두 다시 한 번 복습을 한다. 이 방법은 짧은 시간에 두 배 이상 기억력을 강화하는 효과가 있다.

이 방법의 장점은 학습 후 시간이 지나 자연적으로 소멸되는 암기 내용을 크게 줄이고, 가볍게 다음 진도를 나갈 수 있다는 것이다. 또 이미 복습한 부분을 다음 단원의 내용과 결부시켜 암기할 수 있

기 때문에 전체적인 흐름을 이해해야 하는 과목 암기에 적당한 기
억법이다.

금강산도 식후경이라

1분 1초가 귀할 때는 밥 먹는 시간도 아깝다. 밥을 먹으면서 책을 들여다보기도 하고, 식사 후엔 숨 돌릴 틈도 없이 바로 공부방으로 들어가지만 쏟아지는 식곤증 때문에 괴로울 때도 있다.

식사를 한 후에 뇌는 물론 모든 신체기관의 활동이 현저히 떨어지게 된다. 뇌세포의 활동도 둔해져 기억력이 저하되고 졸음이 온다. 이럴 땐 무리하게 공부에 집중하려고 애쓰기 보다 배가 편안해지고 혈액이 위(胃)에서 뇌로 되돌아갈 때까지 기다리는 편이 낫다. 식사 중이나 식 후에는 소화기관이 활발히 움직이는 시간이기 때문에 두 뇌와 몸을 휴식시키는 것이 에너지를 축적할 수 있는 길이다.

반대로 공복일 때도 기억력이 떨어진다. 사람은 배가 고프면 집중력이 떨어지고 초조해진다. 그러니 먹는 시간도 아깝다며 끼니를 거르거나, 밥을 먹자마자 책상 앞으로 달려가는 일은 피하자.

게으름은 쇠붙이의 녹과 같다. 노동보다도 더 심신을 소모시킨다.
-프랭클린

흔히 일이 잘 풀리지 않을 때 '밥부터 먹고 합시다' 라는 말을 한다. 이는 밥을 먹는 것 자체가 기분전환을 시켜 주는 한편, 쌓였던 스트레스와 초조함도 없애준다는 것을 우리 몸이 먼저 알고 있기 때문이다.

목차

　　　모든 책에는 책 한 권의 내용을 일목요연하게 핵심만 잘 기록해 놓은 부분이 있다. 그것은 바로 '목차' 다. 목차는 책의 시작부터 끝까지의 내용을 잘 안내해 주면서 체계적으로 정리해 놓은 길잡이다.

　서점에서 책을 고를 때, 목차를 훑어 보면 내 취향에 맞는 책인지 아닌지를 어느 정도 가늠할 수 있다. 목차는 그 단원을 구성하고 있는 중요한 키포인트를 담고 있기 때문이다. 자칫 책의 단원 하나하나 단편적으로 암기하다 보면 전체적인 연결고리를 놓치기 쉽다. 이럴 때 목차를 염두에 두고 공부를 하도록 한다. 목차에는 핵심적인 사항을 중심으로 전후 맥락이 나열되어 있기 때문에 더없이 좋은 '가이드 북' 이 되어 줄 것이다.

　그날 분량의 단원을 공부하기 전에 항상 목차를 먼저 확인하는 습관을 기르자. 그러면 이전에 공부한 것과 연결되면서 오늘 공부할 부분이 전체적인 맥락 중 어느 위치에 있는지가 각인된다. 이런 방법으로 공부를 하고 난 뒤에 목차를 보고 그 단원의 내용이 머릿속에 떠오른다면 이제 완전히 그 과목을 마스터한 셈이다. 목차를 체크하는 버릇은 논술의 힘을 기르는 데도 상당한 도움이 된다.

색인

반대로 책 맨 마지막에 나오는 색인(索引)에도 강한 무기가 있다. 색인은 목차처럼 연대나, 기승전결 등 체계적인 순서가 아닌, 가나다순이거나 알파벳순으로 나열되어 있다. 그래서 목차와는 별개로 기억 보강에 도움을 준다.

목차는 체계적인 핵심을 중요사항의 상호관계에 근거해 열거한다. 그래서 개별적 내용의 정확성을 확인하기 위해서 전후 단원의 힌트가 필요하지만 이런 확인은 쉽지 않다.

반면 색인은 하나의 항목이 전후 항목과 관계없이 나열되어 있어, 색인 각 항목을 완전히 이해하고 있는지 아닌지에 대한 정확성 체크에 안성맞춤이다. 여기서 놓치지 말아야 할 것은 색인 리스트 중에서도 중요한 것은 고딕체로 표기된다는 사실이다.

'이순신 ; 21, 25, 31-39, 45'

이 예처럼 색인 항목 가운데 자주, 그리고 많이 언급된 인물이나 사건 등을 우선적으로 공부하자. 그만큼 비중 있는 부분이라는 뜻이다. 위의 색인 가운데 '31–39' 쪽으로 표시된 것을 보면, 내용이 긴 만큼 아마도 이순신 장군의 위업과 대전(大戰)에 대해 중점적으로 다루었을 것이라고 짐작할 수도 있다. 색인의 해당 페이지를 읽으면서 이순신 장군이라는 인물에 대한 전반적인 서술은 물론 그 인물을 통해 당시의 역사적 상황과 배경을 동시에 파악할 수 있다.

좋아하는 물건을 가까이 둔다

미국의 한 초등학교에서 아주 재미있는 실험을 했다. 신입생을 대상으로 어렸을 때부터 가지고 있던 인형이나 담요 등을 옆에 두고 공부를 하도록 해보았더니 그렇지 않았을 때보다 훨씬 암기율이 높았다는 결과가 나왔다. 오랫동안 분신처럼 애용해 오던 물건을 현대 심리학에서는 연장자아(延長自我)라고 말한다. 친숙한 물건을 옆에 둠으로써 자아가 확대되고 언제 어디서나 집에 있는 듯한 편안한 느낌을 느끼는 것이다.

하루 종일 밖에서 지내다 집으로 돌아왔을 때 느끼는 안락함, 이 편안함을 친숙한 물건을 통해 느낄 수 있는 것이다. 암기할 때 자신이 평소 자주 사용하는 물건 중에서 즐겁고 편안한 느낌이 드는 것을 가까이 두자. 긴장이 풀리고 자신감이 생겨 기억력이 왕성해 질 것이다. 특히 시험이 코앞인데 암기는 안 되고 마음은 조급해질 때가 있다. 이럴 때 익숙한 물건을 만지거나 책상에 올려 놓고 편안한

마음을 가지면 조급한 마음이 사라지면서 짧은 시간에 보다 능률적
으로 암기할 수 있다.

위기감을 조성하라

"영어 단어를 외우고 나면 사전을 찢어 먹었을 만큼 굳은 각오로 공부했다."

사전을 씹어 먹어버리면 더 이상 찾아볼 수 없으니 그전에 무슨 수를 쓰더라도 외워버려야 한다는 정신이 기억을 강화시켜 준다는 말이다. 그러나 이 방법을 권하는 것은 절대 아니다. 그만큼 마음가짐이 얼마나 중요한가를 이야기하는 것이다.

한 기억실험에서 A라는 사람에게는 단어를 '읽으면서' 외우게 하고, B라는 사람에게는 A가 부르는 단어를 '듣는 것만으로' 외우도록 했다. 24시간 후에 테스트해 보니 A는 열한 개를 기억한 반면 B는 무려 열여섯 개를 기억하고 있었다고 한다. B는 듣는 것으로만 외워야 한다는 긴박감 때문에 비교적 여유 있게 읽으면서 외운 A보다 더 많이 암기할 수 있었던 것이다.

'꼭 외워야 한다', '지금이 아니면 기회가 없다', '지금 이 상태로

는 곤란하다' 는 의지를 가져 보자.

어떤 일이든 의지를 가지고 뛰어들 때 긴장 상태가 유지되고 기억이 촉진된다. 이 원칙을 잊지 말자. 시험을 앞두고 공부가 잘 안될 때 의도적으로라도 자신에게 적당한 위기감이나 긴박한 상황을 만든다면 강력한 동기부여가 될 것이고 동시에 학습속도도 빨라질 것이다.

핵심을
찾아라

바둑, 골프, 검도 등 각 분야에서 프로선수라고 불리는 사람들은 자신의 전문 분야에 대한 정확하고 체계적인 지식을 소유하고 있다. 미술가는 단 한 번 본 사람이라도 그 사람의 특징이나 옷 등을 다른 사람에 비해 비교적 정확히 기억해 내고 스케치할 수 있다고 한다.

그렇다고 반드시 '프로나 전문가는 기억력이 뛰어나다'고 말할 수는 없다. 단 프로가 아마추어와 다른 점은 전문 지식에 대한 '핵'을 머릿속에 가지고 있다는 것이다. 그래서 새로운 정보를 받아들이더라고 확실한 기억의 '핵'과 연결시켜 지식의 체계를 세울 수 있는 것이다.

모차르트는 어려서 다른 사람의 피아노 연주를 들은 뒤에 집으로 돌아오면 악보도 없이 한 번 들었던 곡을 완벽하게 연주해냈다고 한다. 비록 어린 나이지만 그는 음악이론에 대한 정확한 지식의 '핵'

을 가지고 있었던 것이다.

이것을 학습에 대입해 보자.

공부를 할 때 교과서 내용을 한 자도 놓치지 않고 암기하려는 학생들도 있지만 그렇게 하다간 머리만 아프고 스트레스만 쌓일 뿐이다. 먼저 중요한 핵심을 뽑아서 그것부터 암기하여 흐름을 파악해야 한다. 그 다음 각 주요 핵심의 부수적인 부분을 보충하는 것이 오히려 많은 양을 비교적 빨리 암기할 수 있는 길이다.

천천히 쉬운 과목부터 정복한다

세상에는 사람을 즐겁게 해주는 것이 많이 있다. 그 중에서도 먹는 즐거움이 단연 최고가 아닐까. 아무리 허기가 지더라도 뷔페처럼 음식이 넘치게 쌓여 있는 곳에서 먹는 것보다, 음식이 한 가지씩 나오는 한정식이나 중국요리가 더욱 감칠맛 나면서 식욕도 자극한다.

공부할 때의 심리도 마찬가지다. 암기할 것이 눈앞에 잔뜩 쌓여 있는 걸 보면, 있던 의욕도 사라지게 마련이다. 음식이야 제 아무리 쌓여 있더라도 남기면 그만이지만, 시험을 앞둔 상황에서 공부를 하다 말 수는 없는 법. 이럴 때는 암기할 것을 책상에 모두 올려 놓지 말고 공부해야 할 과목 중에서 가장 자신 있고 쉬운 과목부터 조금씩만 시작해 보자. 예를 들어 '이 정도라면 쉽게 할 수 있을 것 같다' 거나 '며칠 전에 마스터한 공식과 같은 유형의 문제' 라든가 비교적 쉽게 시작할 수 있는 과목이나 단원을 먼저 공부하는 것이다.

이렇게 순조롭게 첫 스타트를 끊고 나면 무사히 도움닫기에 올라 선 것이다. 높이뛰기에서는 도움닫기를 얼마나 정확히 했느냐에 따라 기록이 달라진다. 마찬가지 원리다. 아무리 해야 할 공부가 많다고 해도 제일 먼저 쉬운 부분을 완벽하게 끝내고 나면, 그 가속도를 이용해 나머지 부분들도 무리 없이 공부할 수 있게 되는 것이다. '벌써 이만큼 공부했다' 는 뿌듯함 때문에라도 남은 분량이 아무리 어려워도 훨씬 가벼운 마음으로 마칠 수 있다.

공부할 분량이 많을 때 쉽다고 생각되는 단원부터 공부하면 양에서 오는 부담을 줄일 수 있게 된다. 또한 기분 전환이 되면서 더욱 속도를 내서 공부에 집중할 수 있다. 그러나 처음부터 욕심을 내어 빨리 하려는 마음은 버려야 한다. 시작은 '몸을 푼다' 는 마음으로 한다. 처음부터 속도를 내서 많은 것을 암기하려고 욕심을 내면 오히려 실수가 생기고, 그러면 능률도 떨어진다. 처음에는 조금 천천히 시작하다가 어느 정도 익숙해진 뒤에 속도를 내는 것이 오히려 효과적이다.

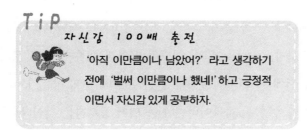

TiP

자신감 100배 충전

'아직 이만큼이나 남았어?' 라고 생각하기 전에 '벌써 이만큼이나 했네!' 하고 긍정적 이면서 자신감 있게 공부하자.

삶을 살찌우는 명언

고난은 인간의 진기를 증명하는 것이다.

-에픽테토스

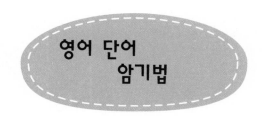

짧은 시간에 영어 단어를 많이 암기해야 한다면, 그 단어를 모아서 하나의 작문을 만들어 암기하는 것이 재미도 있고 쉽게 외워지기도 한다. 이야기는 될 수 있으면 평범하고 문맥에 맞는 것보다는 뒤죽박죽 황당하게 엮어보는 것이 좋다. 사람은 평범하고 지극히 자연스러운 이야기보다는 엉뚱하면서도 기발한 이야기를 오래 기억하는 경향이 있기 때문이다.

'꿈, 기차, 합격, 염소, 지갑, 배'

만일 이 6가지 영어 단어를 외워야 한다면 짚으로 한 마리씩 굴비를 엮듯 즉흥적으로 단어를 한 마리씩 넣어 이야기를 엮어 본다.

'엄마 goat(염소)는 새벽 train(기차)을 타지 못해 아기 goat의 examination(합격)소식을 들을 수 없었다. 그렇지만 purse(지갑)에는 아직 먹음직스러운 pear(배)가 많이 있었다. 그중 하나를 집어 드는 순간 아기 goat가 깨우는 바람에 dream(꿈)에서 깨어나고 말았다.'

고통은 인간의 위대한 교사이다. 고통의 숨결 속에서 영혼은 발육된
다. -에센 바흐

분산된 지식을 개별적으로 암기하는 것처럼 비효율적인 것은 없
다. 이렇게 작문을 하면서 단어를 암기하는 것이 한 단어씩 따로 암
기하는 것보다 무려 7배나 더 기억률이 높다는 연구 결과도 있다.
그러니 조금 우스꽝스럽더라도 이 방법으로 따분한 암기 시간을 즐
겨 보자.

나눠서 외우자

미국의 심리학자 조지밀러는 '평범한 기억력의 소유자가 한 번에 기억할 수 있는 양의 한도는 단어 일곱 개 정도' 라고 실험을 통해 밝혔다. 숫자의 경우에 '2, 5, 3, 7, 4, 1, 8' 과 같이 한 자리 숫자 일곱 개를 외우든, '34, 21, 45, 82, 77, 50, 63' 처럼 두 자리 숫자 일곱 개를 외우든 기억에 있어서는 별 차이가 없다고 한다. 물론 두 자리 수보다 한 자리 수를 외우기가 쉽긴 하지만 중요한 것은 한 번에 기억할 수 있는 양의 수치가 밝혀졌다는 것이다.

이 원리는 영어의 장문을 독해할 때 확실히 증명된다. 한 번에 장문을 독해하는 것보다 먼저 단락을 나누어 각 단락의 내용을 파악한 뒤에 전체 문장을 연결하는 것이 훨씬 빠르고 쉽게 이해된다. 사람이 한 번에 기억할 수 있는 용량에는 한계가 있기 때문에 나누어서 외우고 이해하면 두뇌에 큰 부담을 주지 않고 기억할 수 있다.

암기 과목도 마찬가지다. 영어 단어나, 고문 단어 등을 외울 때도

그대의 생활은 그대 자신이 거기에 의미를 부여하려고 노력하는, 그
노력에 따라서 꼭 그만큼의 의미를 갖는다. -헤르만 헤세

많은 양을 한 번에 욕심내어 외우려고 하지 말자. 한 묶음씩 여러
부분으로 나누어 암기하면 훨씬 능률적이고 빨리 외울 수 있다. 사
회나 역사 과목을 암기할 때도 각 단원이나 사건의 요점을 간추려
요약해 암기하는 것도 좋다. 그러면 전체적인 흐름을 쉽게 파악할
수 있게 된다.

아침형 두뇌?
저녁형 두뇌?

사람마다 능률이 오르고 암기나 집중이 잘되는 시간이 따로 있다. 어떤 사람은 새벽에 일어났을 때가, 어떤 사람은 모두 잠든 한밤중에 일이 잘 된다고 한다. 사람은 누구나 '두뇌 리듬'이 있기 때문이다.

폴란이라는 미국의 기억술 연구가는 자신의 딸이 새벽 4시부터 몇 시간 동안 가장 머리가 맑아지는 시간이라는 걸 알고는 매일 같은 시간에 깨워 공부를 시켰다고 한다. 그는 '기억에 있어 가장 중요한 점은 어느 시간대가 가장 자신에게 일하기 좋은 시간인지를 아는 것'이라고 강조했다.

사람은 대부분이 아침에 일어나 밤에 잠이 든다. 그러나 두뇌는 사람마다 활동 시간과 리듬이 다르다. 그렇게 때문에 많은 양의 과목을 암기하기 위해서는 자신의 두뇌 리듬을 체크해 보는 것이 중요하다. 사람의 두뇌 리듬은 조금씩 다르지만 크게 아침형과 저녁형으로 나눌 수 있다.

아침형 두뇌를 가진 사람은 저녁에 먼저 잠을 충분히 자두고 새벽에 일어나서 공부하는 것이 효율적이고, 저녁형 두뇌를 가진 사람이라면 밤에 집중적으로 공부를 한 뒤에 새벽에 잠을 자는 것이 지혜로운 선택이다.

TiP

자신감 100배 충전

나는 아침형 인간인가? 저녁형 인간인가?

한방에서는 태음인이 농부의 체질을 가지고 있다고 해서 아침형 인간으로 본다.

태양인 역시 이른 아침에 일어나 학업이나 운동을 충분히 할 수 있는 아침형 인간에 속하지만, 소음인은 체질적으로 약해 아침형 인간이 되기 어렵다. 오히려 오후가 되면 업무효율이 오르기 때문에 저녁형 인간에 가깝다. 소양인은 상황대처능력이 빨라 아침형이든, 저녁형이든 자신의 상황에 맞춰 컨트롤 할 수 있는 전천후형이다.

자신의 체질을 알아보고 싶다면 몸 상태가 좋은 날 밤 11시쯤 잠을 청해 아침 5~6시에 일어나 본다. 자연스럽게 일어나진다면 태음인, 소양인이며 아침형 인간이다.

7시가 넘도록 일어나지 못하고 잠을 깨우고, 알람을 울려도 다시 잠자리에 들고 싶어한다면 소음인에 가까우며 저녁형 인간이다. 그러나 저녁형 인간이라도 규칙적으로 일찍 자고 일찍 일어나는 습관을 기르면 어느 정도 아침형 인간에 가까워질 수 있다.

삶을 살찌우는 명언

긍지는 인간이 입을 수 있는 가장 훌륭한 갑옷이다. -제롬

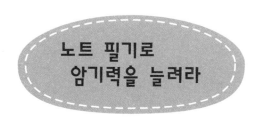

노트 필기로 암기력을 늘려라

노트 사용법 하나로도 암기의 양을 늘려줄 수가 있다. 대부분 한 과목에 한 권의 노트를 사용하지만 배운 것을 정리하거나 복습할 때는 효율적이지 못하다.

암기란 결과물이 겉으로 드러나는 작업이 아닌 만큼, 많은 양을 암기하다 보면 기억이 흐릿해지거나 때로는 아예 흔적도 없이 사라지기도 한다. 이것을 '중첩현상'이라고 표현하는데, 이런 현상을 줄이기 위해 단 한 권의 노트로 여러 과목을 필기해두라는 것이다.

예를 들어 1~20쪽은 수학 공식을, 21~40쪽까지는 영어 단어와 숙어, 41~60까지는 화학으로 배치를 하는 등 다양하게 사용하면, 공부를 하다 따분해지는 일은 거의 없을 것이다. 수학 공책에는 아무리 뒤져봐도 처음부터 끝까지가 숫자와 기호가 뒤엉켜 있어 몇 장만 넘겨도 숨이 탁 막힐 수 있다. 그러한 답답함을 참고 공부를 한다면 방금 언급한 중첩현상이 생겨 기억이 억제되기 쉽다. 동일

한 행동을 반복하면 집중력이 사라지고 목표를 향한 의지가 상실되
기 때문이다. 그만큼 공부의 효율이 떨어지는 것은 당연한 일이다.

그러나 한 권의 노트에 여러 과목의 필기 내용을 적어 두면 중첩
현상을 방지할 수 있다. 노트 속의 내용이 다양하기 때문에 지겨움
을 느끼지 않고 새로운 느낌을 받으면서 공부할 수 있다. 한 장 한
장 넘길 때마다 의욕이 생기고 에너지가 솟아날 것이다. 마치 다양
한 과자가 골고루 들어 있는 '종합선물세트'를 펼쳐 보는 아이의 마
음처럼 말이다.

접속사를 중심으로 읽으면 맥이 보인다

국사책은 사건 중심의 내용이 대부분이다. 어떠한 사건의 원인과 내용, 결과가 일목요연하게 나열되어 있다.

책을 보면서 한 사건의 결과로 또 다른 사건이 시작된다거나 하는 인과 관계를 파악할 수 있다면 사건의 흐름을 충분히 이해할 수 있다.

'고조선은 왕의 권력이 약하고, 각지의 군장들에게 권력이 나누어져 있는 상태였다. 이때 한은 혼란을 이용하여 각자의 군장들을 이간질시켰다. 결국 같은 백성끼리 싸우다가 국력이 약해졌고, 한은 B. C 109년 왕검성을 포위하기에 이르렀다. 당시 고조선의 왕은 우거왕으로 알려져 있다. 마침내 B. C 108년 고조선은 한에 의해 멸망하게 되었다. 이에 한은 한사군을 설치하고 60개의 법을 만들어 고조선을 통치하였다. 이로써 고조선은 멸망하였고 드디어 부여, 고구려, 옥저, 동예, 삼한이 등장하였다.'

'고조선의 멸망과 결과'에 대해 공부를 하는 중이라면 장황한 문장의 접속사 부분에 형광펜을 그어본다. 그 다음 접속사를 중심으로 다시 읽어보면 전체적인 맥이 잡히게 된다.

글을 읽을 때 우리는 접속사는 거의 신경쓰지 않고 지나칠 정도로 '종속'으로 치부하지만 어떠한 사건의 인과관계를 기술할 때는 접속사가 '주'가 되어 흐름을 좌지우지한다. 역사처럼 흐름과 원인, 결과를 이해해야 하는 과목에서는 접속사를 중심으로 암기를 해두자. 그러면 혹시나 한두 부분을 잊어버렸다 해도 전체적인 맥락은 흔들리지 않기 때문이다.

빨간 펜으로 써라

미국의 한 특수교육학 박사는 장애아에게 글을 가르칠 때 엄마나 아빠처럼 가장 가까운 대상은 빨간색으로 크게 쓰게 하고, 신체 각 부분을 나타내는 눈, 코, 입, 손 등은 조금 작은 글씨로 그 다음 일상 생활에서 보는 물건의 단어는 검은색으로 쓰게 하는 단계별 학습법을 사용한다. 강한 인상을 통해 암기한 것은 기억하기 쉽기 때문이다.

학교에서 선생님이 수업을 가르치면서 중요하다고 하는 부분엔 반드시 빨간 펜이나 형광 펜 등으로 밑줄을 긋거나 표시하기는 자주 하지만 빨간 펜으로 직접 글씨를 쓴다거나 그림을 그리는 경우는 드물다. 그렇기 때문에 검은 볼펜으로 필기를 하다가 중요하다고 생각되는 부분에서 빨간색 펜으로 바꿔 쓰면 주의 집중도 되고, 바꿔 쓰는 동작 그 자체도 '이 부분은 중요하다, 암기하자'는 자기 암시의 효과가 있다. 이는 심리학적으로도 증명된 이론이다.

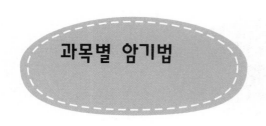

과목별 암기법

  암기는 과목의 특성에 따라 '전량학습법'과 '부분학습법'으로 나누어 공부하면 효과적이다.

전체를 여러 번 반복하는 전량학습법은 시험 직전에 암기력을 높여 주기 때문에 역사나 영어 과목을 공부할 때 사용하면 좋다. 또한 전체를 여러 부분으로 나누어, 한 부분씩 섭렵하고 나서 다시 복습하는 부분학습법은 수학이나 물리와 같은 과목에 효과적이다.

이렇게 과목의 특성에 맞는 케이스별 학습법으로 한 과목도 놓치지 말고 성적을 올리자.

흐름을 읽어라

역사는 전량학습법으로 공부하라고 말한 바 있다. 역사는 곧 시대의 흐름이기 때문에 하나의 큰 맥을 잡는 것이 중요하다. 역사책 암기를 중도 포기하는 학생 대부분은 역사 용어를 단편적으로 외웠기 때문이다. 그러다보면 역사의 흐름을 파악해야만 풀 수 있는 문제가 대부분인 시험지를 풀 때 어려움이 있다. 그러니 역사의 흐름을 이해하지 못한 학생은 중요한 연대와 사건, 이름을 많이 외웠다 해도 정답을 찾아내기가 쉽지 않은 것이다.

예를 들어 '1, 3, 9, 27, 81…' 이라는 숫자를 암기할 때 무조건 숫자만 외우는 것보다 X=3Y라는 원리를 먼저 찾아내면 암기하려고 애쓰지 않아도 쉽게 이해할 수 있다.

역사는 다양한 흐름이 있다. 이 흐름을 먼저 파악하고 나서 그에 따른 부수적인 용어를 연결해 암기하면 기억의 효과가 커진다.

나무를 그릴 때의 순서를 생각해 보자. 나무의 줄기를 먼저 그려 넣고, 그 다음 가지와 잎을 그려 넣는 것과 같은 이치다. 나무의 줄기처럼 역사의 맥을 찾기 위해서는 연표를 만들어 보거나 관계의 일람표를 큰 종이에 써보는 것이 큰 도움이 된다.

여러 가지 관련 내용은 수직, 수평의 축을 중심으로 사선과 곡선으로 연결한 다음 색깔 펜으로 구분한다. 그리고 이 종이를 벽에 붙이거나 방바닥에 펴놓고 이미지화 해보자. 눈을 감고 전체의 형태가 보일 정도로 반복하면 완벽하게 흐름을 파악할 수 있게 된다.

시작과 끝이 중요하다

영화나 연극을 보고 나서 가장 기억에 남는 부분을 꼽으라고 하면, 제일 첫 장면과 끝 장면을 많이 꼽을 것이다. 강의나 연설을 들을 때도 중간 부분은 거의 기억하지 못하지만 서론과 결론은 집중해서 듣게 된다.

수업 시간에도 마찬가지다. 수업 시간 처음과 끝나는 종이 울리기 전의 선생님 설명은 잘 기억나지만 가운데 부분은 애써 기억하려 해도 잘 기억나지 않는 경우가 많다.

알파벳순으로 만들어진 단어장도 처음 A, B… 부분은 비교적 잘 외워지는 반면, K, L, M 부분에서는 그 단어가 그 단어 같고 헷갈리게 된다. 그러다 V부분에 와서는 다시 암기되다가 마지막 Y, Z 부분에서는 정확하게 암기할 수 있게 된다.

미국의 심리학자 호를랜드는 12개의 단어를 무순으로 나열해놓고 몇 번째 있던 단어가 가장 많이 틀렸나를 조사해 보았다. 그랬더

끝나기 전에는 무슨 일이든 불가능하다고 생각하지 말라.
-마르쿠스 툴리우스 키케로

니 1번째와 12번째 단어는 거의 틀리지 않은 반면 4~5번째 단어부터 많이 틀리기 시작해 7~8번째 단어는 대부분이 틀렸다고 한다. 이를 '기억 병렬 위치의 효과'라고 부르는데, 심리학자들은 기억의 흔적이 서로를 억제하고 있기 때문이라고 보고 있다.

처음 암기한 부분의 흔적이 뒤에 암기하는 부분을 억제하는 '순방향억제'와 반대방향으로 앞 기억의 흔적을 억제하는 '역방향억제'가 함께 작용해 이 두 억제 경향이 기억 내용을 지우게 되는 것이다. 먼저 암기한 것과 마지막에 암기한 것은 순방향, 역방향억제의 영향을 받지 않지만, 가운데 위치한 것은 이 두 억제에 영향을 받아 기억이 또렷하지 못하게 된다.

그러므로 암기해야 할 많은 목록 중에 정확하고, 빨리 암기해야 할 중요도에 따라 자리 배치를 한다. 수학은 공식을 이해하지 못하면 절대 진도를 나갈 수 없기 때문에 이런 공식을 공부의 시작과 끝에 배치하면 좋겠다.

어설픈 100% 보다 정확한 70%를 택하라

평소에 미리미리 준비하지 않고, 시험이 코앞에 닥쳐서야 밤새 벼락공부를 하는 일이 종종 있다. 그러나 밤새 공부한다는 그 자체만으로 그 동안의 부족했던 부분을 완전히 대체한다는 기대는 않는 것이 좋다. 평소 열심히 공부를 계속해 온 경우와 비교했을 때, 하루이틀 밤 공부로 같은 효과를 거둘 가능성은 상대적으로 낮기 때문이다. 그러므로 시험을 앞두고 어쩔 수 없이 밤을 새야 하는 경우라 하더라도 100% 달성을 목표로 삼지 말고 70~80% 정도로 목표를 낮추어 시작하는 것이 좋다. 그러면 무리하게 공부할 양을 잡지 않고 시작할 수 있다. 무리하여 과욕을 부리다 보면 오히려 공부한 범위 전체가 오락가락하게 된다. 밤을 새고도 50%밖에 이해를 못하니 70%라도 정확하게 암기하는 것이 훨씬 현명한 대책이다. 기대수준을 낮추면 암기의 양은 적더라도 정확도면에서는 상당히 높아진다는 것을 잊지 말자

수학도 때로 암기가 통한다

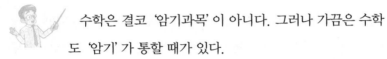　　수학은 결코 '암기과목' 이 아니다. 그러나 가끔은 수학도 '암기' 가 통할 때가 있다.

물론 이해하는 것이 최선이지만 어쩔 수 없이 빨리 암기해야 할 경우에 수학에도 암기방법을 사용해 볼 수 있다.

수학 문제에서 해답이 나오기까지의 과정을 잘 살펴보면 국어의 '기승전결' 처럼 몇 개의 단락으로 이루어졌다는 사실을 알 수 있다. 그리고 그 단락들 사이에는 일종의 규칙성이 있다. 이 규칙을 찾아내면 그 문제를 암기할 수 있다. 그 다음 나눈 단락의 연결 부분을 가려놓고 외우면 끝. 이처럼 급할 때는 수학에서도 암기법을 활용할 수 있다.

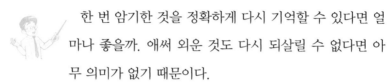

자문자답법으로 술술술~

한 번 암기한 것을 정확하게 다시 기억할 수 있다면 얼마나 좋을까. 애써 외운 것도 다시 되살릴 수 없다면 아무 의미가 없기 때문이다.

외웠던 것을 자신 있게 기억해 내고 싶다면 '자문자답' 하는 습관을 가져 보자. 한 번 외운 것을 의도적으로 머릿속에서 자문자답해 보는 것이다. 스스로 자문자답을 하다 보면 좀 더 기억을 정확하고 오랫동안 새길 수 있다.

같은 장소에서 일어난 상황이라도 사람마다 대처 방법이 다르다. 어느 기관에서 대형참사를 당하고도 목숨을 구할 수 있었던 사람들을 대상으로 조사를 했다고 한다. 주위에 있는 사람이 다쳐 신음하고 쓰러질 때도 그들은 냉정하고 정확히 판단하고 곧바로 행동하여 살아났다. 그런데 특이한 것은 그들은 평소에 유사시를 대비해 '자문자답법' 을 활용했다는 것이다. 그중 한사람은 이 상황에서 가장

먼저 해야 할 행동이 무엇인지 머릿속으로 차분하게 정리하는 연습을 꾸준히 했다고 한다. 그 결과 비슷한 사고가 났을 때 신속히 대처하여 목숨을 구할 수 있었던 것이다.

상황은 다르지만 평소 '자문자답법'을 이용해 공부를 해두면, 시험장에서 시험지를 앞에 두고 갑자기 머릿속이 하얗게 되거나 외운 것이 기억나지 않아 당황하는 일은 없을 것이다. 외운 것을 항상 머릿속에서 자문자답하며 공부를 하면 문제를 읽는 동시에 정답을 기억해 내는 것은 지극히 당연한 일이다.

'자문자답법'을 훈련하기 좋은 매체는 TV 뉴스나 신문이다. 새로운 소식을 듣기 위해서라기보다 자신이 이미 알고 있는 지식을 뉴스를 통해 확인하는 것이다. 뉴스는 정치, 경제, 사회, 역사 다방면의 소식이 쏟아지기 때문에 어떤 테마든 선정하여 학습 내용과 견주어 기억 강화제로 사용할 수 있다. 이것을 반복하면 나날이 쌓이는 지식이 완전한 나의 지식이 된다.

좋지 않은 기억은 빨리 잊자

담임선생님께 된통 혼이 난 뒤에 수업을 듣는다면 얼마나 잘 받아들일 수 있을까? 또 친구와 사소한 것으로 오해가 생겨 다툼이 난 뒤에 공부를 한다면 얼마나 집중해서 공부할 수 있을까? 이럴 때 학습 내용이 머릿속에 들어오지 않고 귓가에만 맴도는 것을 경험한 적이 있을 것이다. 이런 현상은 좋지 않은 기억이 필요한 기억의 진입과 정착을 방해하기 때문이다.

사람의 뇌세포 수는 140억 개 정도인데 유용하게 활동하는 것은 그 가운데 5% 정도라고 한다. 그래서 아무리 뇌를 사용해도 포화상태가 되거나 완전히 소모되는 일은 없을 것이다.

하지만 아쉽게도 기억 조직은 뇌 세포 수만큼 효율적으로 작동하지 못한다. 뇌 속에서 그물처럼 서로 섬세하게 연결되어 기능하는 정보들은 외부에서의 자극에 의해 기억 내용을 되살릴 수 있다. 그래서 필요 없는 정보가 들어 있으면 그것들이 중요한 정보 사이에

나의 인생 신조는, 일로 즐거움을 삼고 즐거움을 또한 나의 가장 큰
일로 삼는 것이다. -아이론 바흐

걸림돌이 되어 새로운 정보의 활동을 마비시킨다. 또 필요한 정보
가 들어 있다고 해도 기억을 되살릴 때 필요 없는 정보까지 같이 연
상되기 때문에 주파수가 맞지 않은 라디오 소리처럼 혼란스럽게 되
는 것이다.

이제 복잡미묘한 뇌의 기능을 이해했는가? 그렇다면 공부할 때,
특히 시험 전날 등 빨리 암기에 집중해야 하는 상황에서는, 좋지 않
은 일을 머릿속에서 깨끗하게 지워야 한다.

망각은 신이 주신 선물 중의 하나다. 그것이 좋은 일이든 그 반대
의 경우든 말이다.

I'm still hungry
히딩크식 공부법

차이가르닉이라는 심리학자에 의한 기억력 실험을 살펴보자. 그는 피실험자를 두 그룹으로 나눠 비교적 쉬운 문제를 몇 개 준 뒤에 한 그룹에게는 문제를 완벽하게 풀게 하고, 다른 피실험자에게는 문제를 다 풀지 못해 아쉬워할 때쯤 시험을 중단시켰다. 그리고 두 그룹의 피실험자에게 출제된 문제 내용을 모두 기억해 보도록 하였다. 그랬더니 문제를 다 풀지 못한 그룹이 문제를 다 풀었던 그룹보다 기억률이 훨씬 높았다. 이 실험은 '아직 다 끝내지 못한 긴장감이 남아 있을 때 기억력이 높다'는 사실을 보여 주고 있다. 이것이 바로 '차이가르닉 효과'다. 공부한 내용이 확실히 암기되었는지 자신이 없는 상태로 공부하기보다는 오히려 '아직 부족하다'는 아쉬움을 남기는 것이 기억에 있어서는 더욱 효과적이라는 말이다. 또 다른 실험에서는 피실험자 중에 정답을 아주 명확히 기록했을 경우와, 문제는 다 풀었지만 답

내 비장의 무기는 아직 손 안에 있다. 그것은 희망이다.
-나폴레옹

이 정확한지 자신 없는 경우, 마지막으로 문제를 미처 다 풀지 못했을 경우에 문제 내용을 가장 정확히 기억해낸 그룹을 알아보았다. 그랬더니 정답을 적은 그룹이 문제 내용을 가장 또렷하게 기억해냈고, 그 다음이 문제를 미처 다 풀지 못한 그룹이었다.

그리고 풀긴 풀었지만 정확한 답을 적지 못한 그룹이 가장 기억력이 낮았다.

수학 문제를 풀 경우 도저히 내 힘으로 풀 수 없다고 생각될 때는 해답이나 힌트란을 보고 문제를 풀게 된다. 그러면 '이제 되네, 이렇게 하면 되는구나' 생각하면서 그냥 지나가게 되는데 이것이 '기억력'에 있어서 가장 위험한 방법이다.

'이 문제는 아직 자신이 없으니 좀 더 공부를 해야겠다' 는 마음을 가져야 한다.

이것이 문제를 보다 정확히 오래 기억해 둘 수 있는 방법이다.

지난 2002년, 한국 월드컵 사상 첫 16강전에 진입하는 시합에 이겨 들떠 있는 국민들을 향해 전 한국 축구 대표팀 히딩크 감독이

'나는 아직도 배가 고프다'고 말해 경각심을 주었다. 우리 수험생들도 '이제 그만하면 됐어'라고 말하기 보다 '나는 아직도 부족하다, 조금 더 분발할 필요가 있다'는 '히딩크 마인드'를 가져 보자.

앞에서도 말했듯이, 새로운 기억이 들어오면 과거에 암기했던 흔적이 희미해져 되살리기가 힘들어진다. 특히 암기했던 내용이 현재 공부하는 내용과 비슷한 경우는 더욱 어렵다.

이런 현상을 방지하기 위해서는 중요한 부분을 암기할 때 과목 앞 뒤에 전혀 다른 과목이나 내용을 공부하도록 한다. 내용이 서로 맞물려서 기억력이 떨어지는 것을 막기 위해서다. 혹은, 그 날의 공부는 중요한 부분만 따로 공부하도록 하고, 다른 부분은 과감히 생략하는 것도 하나의 방법이다.

그러면 중요한 부분은 다른 기억에 의해 방해받지 않아서 선명하고 오래도록 기억회로에 저장될 것이다. 급한 마음에 이것저것 닥치는 대로 들춰 보다간 두 마리 토끼를 놓치게 될 수 있다.

짧은 시간에 집중력을 높이려면

각종 운동 경기를 관람하다 보면 나도 모르게 소리지르고 박수를 치고 옆 사람과 부둥켜안고 울고 웃게 된다.

이런 흥분의 상태에서는 함성도 나오고 혼잣말로 웅얼거리기도 한다. 긴장했을 때 무의식적으로 하는 행동인데 이를 의식으로 끌어내어 암기법에 연결할 수 있다.

어떤 부분을 빠르게 읽고, 외우고 그것을 정확하게 다시 기억해내는 '속독, 암기, 연상'의 세 가지 연결 작업을 자신이 정한 시간 내에 해낼 수 있다면 집중력을 높여 효율적인 암기를 할 수 있다.

어떤 과목이든 공부할 수 있는 시간이 한정되어 있기 때문에 주어진 시간에 얼마나 정확하고 빠르게 암기할 수 있느냐가 성패를 가늠한다. 속독, 암기, 연상이 충족되었다면 암기 속도는 계속적으로 상승곡선을 그을 것이다. 평소에 이 세 가지를 잊지 말고 훈련해 둔다면, 언제 어디서든 짧은 시간에 높은 집중력을 발휘할 수 있다.

시간과 암기는 비례한다?

"어제는 두 시간 밖에 공부 못했어."

"12시에 깜빡 잠이 들었는데 일어나 보니까 아침인거
있지."

수험생들은 자신의 공부 시간, 그리고 얼마나 책상에 오래 앉아
있었는가를 공부의 척도로 판단하기도 한다. 그러나 중요한 것은
책상에 앉아 있는 시간의 양보다, 짧은 시간이라도 얼마나 집중해
서 공부했는가 하는 것이다. 효율적으로 집중할 수만 있다면 하루
두 시간 공부하는 것만으로도 충분할 수 있다.

짧은 시간에 공부를 하려면 일단 오늘 공부할 목표를 세워야 한
다. 그러면 단시간에 목표달성의 습관이 붙어서 효율적인 암기를
할 수 있다. '잠들기 전까지, 이 단원이 끝날 때까지' 정도로 계획을
세워 공부한다면 암기에 대한 탄력이 붙질 않는다. 먼저 공부할 시
간을 정해라. '오늘은 딱 두 시간만 공부한다' 이런 파격적인 목표

내일의 모든 꽃은 오늘의 씨앗에 근거한 것이다.

-중국 속담

를 세운다면 그 시간 안에 해야 할 분량을 마치기 위해 전보다 더 집중해서 공부를 하게 된다.

한 시간 가량 공부를 하고 난 뒤에는 '이제 한 시간 밖에 남지 않았다. 서둘러야지' 하고 자신을 격려하게 되어 남은 시간도 알차게 집중해서 공부할 수 있다.

'합격이냐, 아니냐'는 결과를 떠나 '체념하느냐, 끝까지 포기 하지 않느냐'의 차이다. 체념하는 순간부터 집중의 고리는 끊어지고 마는 것이다.

TiP

자신감 100배 충전

>> 초고속 암기 10계명

1. 암기 내용을 버릇처럼 혼잣말로 중얼거려 보라.

2. 만원 전철에서도 단편적인 시간을 활용하라.

3. 암기할 분량을 자신의 목소리로 녹음해서 틈나는 대로 반복 청취하라.

4. 필기 자체는 암기가 아님을 명심하라.

5. 오래 기억할 암기 내용은 논리적으로 이해한 후 암기하라.

6. 이미지 연상법을 활용해서 상상력을 동원하라.

7. 자신 있고 쉬운 과목부터 정복하라.

8. 단어를 암기할 때는 한 단어보다 여러 단어를 엮어서 암기하라.

9. 목표 달성의 습관이 붙도록 단시간이라도 공부할 목표를 세우고 암기하라.

10. 모두 다 암기하려 하기보다는 중요한 핵심만을 뽑아서 암기하라.

제3장
정확한 암기법

정확하게 외워지지 않은 곳에서 문제가 나올 때 그 문제의 정답을 맞출 확률
은 모르는 문제보다 더 떨어진다. 암기에 있어 정확하게 외웠냐는 무엇보다 중
요하다. 이 장에서는 보다 정확한 암기에 관한 몇 가지 방법들을 소개한다.

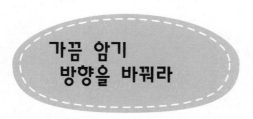

영어 과목에서 가장 힘들어하는 부분을 꼽으라면 대부분 '작문'이라고 대답할 것이다. 아직은 영문을 우리말로 해석하는 학습 위주가 많기 때문에 아무래도 영작은 약할 수밖에 없다. 이런 취약점을 보완하기 위한 공부법을 개발해 학원이나 과외, 심지어 참고서도 없이 영어 교과서만으로 놀라운 성적을 거둔 학생이 있다.

그 학생은 먼저 빈 노트의 한쪽 면에 교과서 안의 영문을 한 문장씩 또박또박 적어 놓았다. 그리고 반대쪽 면에는 그 영문에 해당하는 번역문을 같은 행간에 적었다. 다음 날 학교에서는 번역이 잘못된 부분을 고치고, 집에 와서는 번역문만 보고 영작을 해본다거나 반대로 번역문 속의 단어나 숙어 등을 기억해내기도 했다. 그 중에서도 특히 번역문을 영어로 다시 작문해 보는 연습에 조금 더 비중을 두어 공부를 했다. 취약한 영작을 보완하기 위해서다.

눈을 감아라. 그럼 너는 너 자신을 볼 수 있으리라.
-버틀러

기억은 암기한 순서대로 다시 재생된다. 영어를 독해한 후에 우리말 번역으로 이루어지는 학교 교육체계는 영작문보다 영문해석을 강하게 만드는 경향이 있다. 그러므로 이 방향을 전환시켜 역방향으로 공부를 한다면 영어 실력이 놀랍게 향상되고 기억력도 높아진다. 우리말 해석을 보면서 영어 단어나 숙어를 떠올릴 수 있는 훈련을 하면 더욱 좋다.

다른 과목에서도 마찬가지다. 역사 공부를 하면서 암기하기 곤란한 것 중에 하나가 연도 외우기이다. 이때도 역방향 학습법이 유효하다. 예를 들어 '1866년에는 병인양요가 일어났다' 고 외우는 동시에 '병인양요는 몇년도에 일어났지?' 하면서 역방향으로 유추하는 것이 훨씬 암기력을 증진시킨다.

방심은
금물

책상에 앉아 공부를 하다가 참고서나 책을 다시 한 번 들여다보는 순간 낯선 내용이 펼쳐져 있어 놀랄 때가 있다. 그래서 잘못 넘겼나 하고 뒤로 넘겨 보면 몇 장이나 건성으로 지나갔던 것을 확인할 때가 있다. 물론 내용도 기억이 나질 않는다. 방심하고 지나간 결과다.

암기에 있어 '방심'보다 무서운 적은 없다. 눈은 책을 보고 있지만 마음으로는 아무것도 보지 않고 집중하지 않는 상태가 되기 때문이다. 어떤 것을 암기해야 할 때 대상을 마음으로 자세히 관찰하고 그 특징을 정확히 파악해야 한다.

매일 다니는 등굣길도 직접 약도를 그려보라고 하면, 어디서부터 어떻게 도로를 그려서 나눌 것인지, 길목에 어떤 상점들이 있었는지, 또 학교에서 집까지는 몇 개의 건널목을 지나는지 기억이 나지 않아 당황스러울 때가 있다.

인간은 기쁨도 슬픔도 맛보게 되어 있다. 그러므로 이를 올바르게 알고 있을 때, 우리는 세상을 안전하게 살아간다. -윌리엄 블레이크

공부도 마찬가지다.

막연하게 책을 읽고 나면 정확하게 다시 기억할 수 없다. 먼저 특징을 파악한 뒤에 자세히 이해한다. 그리고 각 특징을 다시 전체적으로 연관짓는 작업을 해야 한다. 그림을 그리는 화가가 모델을 그릴 때 이런 순서대로 시선을 집중하여 그린다고 한다.

관찰이 제대로 이루어지지 않으면 많은 양을 정확하게 기억할 수 없다. 또한 기억이 난다 해도 단편적인 부분만 떠오르지 정말 중요한 부분은 전혀 생각나지 않는다면 시험장에 앉아서 식은땀만 줄줄 흘리고 있을 것이다.

'꺼진 불도 다시 보자' 불조심 표어처럼 항상 '방심'이라는 불씨를 조심, 또 조심하자.

암기한 것은 자주 꺼내 써라

어느 기업 인사 담당자는 '대학 졸업 후 입사시험에 패스한 사람 중에는 과외나 입시학원에서 아르바이트 경험이 있는 지원자가 필기시험에서 좋은 성적을 받는다' 는 말을 했다. 이들은 자기가 알고 있는 지식을 다른 사람에게 계속적으로 반복해서 가르치기 때문일 것이다.

지긋지긋한 입시 생활에서 벗어난 학생이라면 몇 년씩이나 씨름했던 교과목을 다시는 쳐다보지 않을 것이다. 그러면 그 동안 힘들게 쌓아온 지식은 갈수록 희미해지고 만다. 그러나 아르바이트로 중고등학생을 가르치는 학생의 경우, 가르치기 위해서는 원치 않아도 일주일에 며칠은 자신의 입시 생활로 돌아가게 된다. 그때마다 기억은 자극을 받고 활성화되기 때문에 취업을 위해 벼락치기 공부를 시작하는 학생보다는 훨씬 유리한 상황에서 취업준비를 할 수 있는 것이다. 이것만 봐도 가르친다는 것은 반복하는 것과 같은 맥

락이라고 볼 수 있다.

남을 가르치려면 먼저 자기가 이해해야 하는데 이것은 암기 그 자
체이다. 또한 언제 어떤 질문을 받더라도 답변할 수 있도록 마음의
준비를 해두어야 하기 때문에 다른 사람을 가르치면 기억은 더욱
강화되고 머릿속에 강력히 저장된다.

항상 신선한 기억을 간직하려면 기억하고 있는 내용을 자주 사용
해야 한다. 기억은 주머니 속의 동전과 달라서 자꾸만 써도 줄어들
지 않는다. 오히려 쓰면 쓸수록 완벽하게 기억되면서 언제라도 바
로 꺼낼 수 있도록 '24시간 항시 대기' 상태가 된다. 암기한 것을
자주 사용하는 방법 중 하나가 가르치는 일이다. 그러니 친구나 가
족을 앉혀 놓고 공부한 내용을 억지로라도 설명을 해주자, 상대방
이 귀찮아 도망갈 정도로.

반복학습만큼 정확한 것도 없다

공부를 하다 보면 나름대로 '이것은 꼭 외워야 한다', '이것은 간단히 외울 수 있다', '이 부분은 시험에 나올 확률이 낮다' 는 판단이 생긴다. 그래서 난이도가 높지 않다고 생각되는 부분은 대충 넘겨버리기 십상이다.

그러나 공부할 때 경계해야 할 태도가 바로 '이건 쉬워, 빨리 넘어갈 수 있어' 하는 마음이다. 시험에서 실수하기 쉬운 문제가 바로 '쉽다' 고 생각하는 문제다.

이런 실수를 하지 않으려면 한 번 암기한 것은 몇 번이든 '과하다' 싶을 정도로 반복하는 것이 좋다. 한 번 암기하기도 어려운데 몇 번이고 반복하는 것은 정말 괴로운 일일 것이다. 그러나 당연하게 받아들일 정도로 습관이 된다면 기억 패턴이 형성되어서 어렵지 않게 암기 할 수 있다.

운동선수들도 이처럼 '과할 정도의 반복' 을 굉장히 중요하게 여

오늘이라는 날은 지금부터의 인생에 있어서 첫날이다.

-서양 속담

긴다. 그 종목의 기본이 되는 동작이나 자세를 끊임없이 반복하는 것이 고난이도의 연습을 하는 것보다 더욱 중요하다.

이것을 소홀히 하면 실제 경기에서 어이없는 실수를 저지르게 된다는 것이 선수들의 공통적인 이야기다.

공부에 있어서도 가장 위험한 것이 기본을 소홀히 하고 '이쯤하면 되겠지', '이 정도야 기본이지' 하는 마음이다.

암기한 후에도 여러 번 반복해서 공부하는 '반복학습'은 기억력을 강화시키는 특징이 있다.

반복학습은 언뜻 '초고속 암기법'과는 거리가 멀다고 생각하기 쉽지만 실은 반복이 가장 빠른 암기법이다.

요는 '몇 번이나 반복을 해야 시간을 더 이상 낭비하지 않고 효율적으로 암기할 수 있는가' 하는 것이다. 대부분의 경험자들은 '최소한 세 번은 반복해야 한다'고 말한다.

아무리 쉬운 부분이라도 꾸준히 세 번씩 반복하고, 그것이 나에게 습관으로 자리잡는다면, 난이도가 높고 머릿속에 잘 들어오지

않던 것들도 단 세 번만에 확실히 암기할 수 있는 능력도 길러질 것
이다.

모두 잠든 후에

한밤중, 가족들이 모두 잠든 시간에 갑자기 벌떡 일어나질 때가 있다. 이때 애써 다시 잠을 자려고 하면 할수록 눈동자는 더욱 말똥말똥해진다. 이럴 때는 무리하게 잠을 청하려고 하지 말고 그냥 일어나도 좋다. 그리고 짧은 시간이라도 그날 공부한 내용을 점검하는 기회로 삼아 본다.

잠들기 시작한 지 3시간 밖에 지나지 않았다면 잠들기 전에 공부한 것을 복습하기에 좋은 시간이다. 이미 잠이 완전히 달아나 버렸을 때 반복학습을 하면 도움이 된다. 자고 일어나 새벽이나 아침에 바로 복습을 하려면 자기 전 읽은 책이나 참고서를 책상 위에 가지런히 올려 놓고 자는 것이 좋다. 특히 메모할 수 있는 노트가 있다면 금상첨화다. 전날 공부했던 것 중에 정확하게 넘어가지 못했던 부분을 파악하고, 요점을 적어두기도 하고 떠오르는 아이디어를 기록하기도 한다.

한 번 잠들어서 여섯, 일곱 시간 정도 충분히 자는 것이 건강에 좋은 것은 누구나 아는 얘기다. 다만 눈이 떠져 다시 잠들기가 힘들 때 복습의 시간으로 삼으라는 것이다. 이때를 대비해 매일 그날 공부한 책을 머리맡에 두고 잠들면 새벽이나 아침에 깨어났을 때 책상에 앉지 않고도 이불 속에서 전날 공부했던 부분을 간편하게 복습할 수 있다.

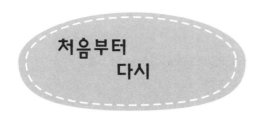

'시장에 가면 쌀도 있고'

'시장에 가면 쌀도 있고 배추도 있고'

'시장에 가면 쌀도 있고 배추도 있고 고등어도 있고'

어렸을 적에 했던 놀이 중 하나다.

새로운 단어를 말하기 전에 처음에 불렀던 단어부터 빠짐없이 외워서 불러야 한다. 이 놀이와 같은 방법으로 공부하는 학습법이 있다. 바로 '직접반복법' 이다.

점진반복법이 '1보 전진 2보 후퇴' 형인 반면에 직접반복법은 한 단원을 공부하고 나면 바로 다음 단원으로 넘어가지 않고 처음 공부했던 부분으로 되돌아가 복습하고, 다시 다음 단원으로 넘어가는 방법이다.

예를 들면 'A, A→B, A→B→C…' 규칙으로 이미 암기한 부분에 새로 학습할 부분을 계속 연결해 나가는 것이다.

항상 첫 부분부터 되돌아가 반복의 횟수가 늘어나면 늘어날수록
속도도 빨라지고 기억의 양도 커지게 된다.

반복하여 공부하다 보면 알고 있는 내용에 대한 자신감이 생겨 보
다 적극적으로 공부에 임하게 되는 학습법이다.

보고, 말하고, 쓰면서 외운다

영어 단어를 외울 때 소리없이 조용히 암기하는 것은 절대 금물이다. 책상에서 혼자 중얼거리며 공부하는 것이 왠지 이상해 보인다고 생각할 수 있지만 단어를 속으로 암기하는 것은 좋지 않은 암기법이다.

소리를 내서 발음을 하다 보면 영어 특유의 헷갈리기 쉬운 철자(R과 L, B와 V 등)의 경우, 입술의 모양과 발음할 때의 혀의 위치 등을 쉽게 기억해 낼 수 있어 혼동 없이 쓸 수 있다.

이보다 한 단계 업그레이드 된 암기법은 소리를 내는 동시에 손을 사용하는 것이다. 단어를 반복해서 쓴다면 시각효과를 높여, 철자가 기억나지 않을 때 또 하나의 단서가 된다. 한자는 대부분 이 방법으로 외울 것이다. 손을 움직여 단어를 쓰면서 외우면 그 동안 연습했던 대로 철자의 감을 기억하게 된다.

어학은 감각 기관을 종합적으로 이용할 때 효율적으로 암기할 수

있다. 어학뿐 아니라 모든 과목에서 '눈으로 보고, 입으로 말하고, 손으로 쓰는' 세 가지 감각으로 공부를 하면 눈으로만 공부할 때보다 세 배의 학습효과를 거둘 수 있다.

영어 단어를 암기할 때는 얼마나 정확히 외웠는지 확인하는 것이 중요하다. 단어를 암기한 뒤에는 단어장이나 사전의 한글 번역 부분을 종이로 가리고 복습해 본다. 바로 단어의 뜻을 말할 수 있다면 암기에 성공한 것이지만 그렇지 못하다면 '보고, 말하고, 쓰는' 암기법으로 다시 충분히 복습하자. 이 작업을 생략하면 영어 고득점은 꿈도 못 꾼다.

잠이 보약이다

시험 전날 밤, 1분 1초도 아쉬운 때다. 한 페이지, 한 자라도 더 외우기 위해 오는 잠을 억지로 깨워가면서 밤을 샌다. 그러나 밤샘은 고생한 만큼의 좋은 결과를 기대하기 어렵다.

밤새 한숨도 자지 못하고 아침도 먹는 둥 마는 둥 허겁지겁 학교로 달려가다 보면 애써 암기한 기억이 머릿속에서 줄줄 새버리고 만다는 것이 한 심리학 실험에서도 입증되었다.

다렌바크와 젠킨스는 한 실험에서 '공부를 하고 바로 잠든 경우 두 시간 동안은 어느 정도 기억이 감소되지만 그 뒤로는 더 이상 감소되지 않는다. 그러나 잠을 안 자고 공부를 할 때는 기억의 감소가 계속적으로 이루어져 여덟 시간만 지나면 매우 급속한 기억 감소가 관찰된다'는 결과를 내놓았다. 밤을 새우는 것이 '정확한 암기법'에는 숙적(宿敵)인 셈이다.

공부를 하고 바로 잠을 자면 최초 두 시간의 기억 감소 후엔 오히려 잠이라는 튼튼한 벽이 기억을 보존하는 방패가 되어 잠이 깨고 났을 때도 80% 정도는 기억을 재생한다. 잠은 기억을 어느 정도 정리해 정착시켜 주는 작용도 한다. 잠을 자지 않으면 이 기능이 구실을 못하여 기억이 물 새듯 계속 흘러나간다.

그러니 밤을 새서 공부를 해 많은 양을 암기했다 해도 효율적인 면에서는 큰 효과가 없다는 것이다. 밤을 새서 열 개를 외우고 2개만 기억에 남길 것인지, 5개밖에 암기하지 못했지만 숙면을 취해서 4개를 정확히 기억할 것인지, 과연 어느 쪽을 택할 것인가?

누구나 시험 전 날이 되면 불안하고 초조해진다. 이런저런 걱정으로 잠이 오지 않을 때는 '잠을 자야 기억을 도와 준다. 잠을 안 자면 기억이 달아난다'는 자기 암시를 통해 조금이라도 자두도록 하자. 밤을 새는 것보다 잠을 자는 것이 남는 장사다.

해답 풀이에 의존하지 마라

독일의 심리학자 켈러는 침팬지 우리 안에 박스를 넣고 그것을 이용해 천장에 매단 바나나를 따게 하는 실험을 했다. 보기엔 간단한 일이지만 침팬지에게는 쉬운 일이 아니다. 처음 침팬지는 그 박스를 의자로 사용했다. 그러나 자신의 키로 바나나를 딸 수 없자 여러 시행착오 끝에 마침내 박스를 딛고 일어나 바나나를 딸 수 있다는 것을 발견하게 되었다. 심리학 용어로는 이것을 '인지 구조의 변화' 라고 한다. 사물에 대한 고정관념을 버리게 되면, 지금까지 알던 기능과 전혀 다른 기능을 발견하고 확실하게 인지할 수 있다.

학습에 있어서도 마찬가지다. 수학이나 물리 등 스스로 풀기 힘든 문제는 오래 생각하지 않고 곧바로 정답과 풀이에 의존하는 경우가 있다. 해답을 보면 다 이해한 것처럼 착각하고 지나가게 된다. 그러나 이것은 절대 내 지식이 될 수 없다. 이런 지식은 시간이 지

나면 완전히 잊어버리게 된다.

반면에 문제를 자신의 힘으로 풀기 위해 많은 시행착오를 하면서 힘들게 정답에 도달한 경우는 시간이 오래 지나도 선명하게 뇌리에 남는다. 공부를 하면서 시행착오를 반복하고 그러다가 문제 푸는 방법을 터득하는 것이다. 그러면서 해결의 열쇠를 발견하게 되면 비로소 문제의 구조를 이해하고, 정확하게 기억할 수 있게 된다. 단순히 감이나 요령으로 문제를 푸는 것이 아니라 문제의 본질을 알고 풀게 되는 것. 마치 어두운 터널을 헤매며 지나다 한 줄기 빛을 발견하고 출구를 찾은 사람과 같이 선명한 해결점을 찾는다.

수학의 공식도 단순히 암기로 끝내지 말고 조금 시간이 걸리더라도 문제를 풀어봄으로써 공식을 스스로 증명해 받아들이면 완전하게 이해할 수 있다. 즉, 형태가 아닌 구조로 받아들이는 것이다.

연도, 숫자를 정확하게 암기하려면

한 번밖에 듣지 않은 사람의 이름이나 전화번호를 금방 기억하는 사람이 있는가 하면 자신의 주민등록번호도 가끔 헷갈리는 사람이 있다. 그러나 이것으로 '머리가 좋다, 나쁘다'를 판단할 수는 없다. 단지 기억의 방법에 차이가 있기 때문이다.

숫자를 잘 외우지 못하는 학생이라면 특히 국사나 세계사의 연도를 외우는 것이 가장 괴로운 일일 것이다. 이럴 때 무조건 암기하려고 하지 말고 숫자에 뜻이 있는 한글로 의미를 부여해보자.

예를 들어 통닭집 전화번호는 9292(구이구이), 이삿짐센터는 2424(이사이사), 서비스센터는 1472(일사천리)로 소비자가 쉽게 기억해낼 수 있는 번호를 사용하는 경우가 많다.

같은 방법으로 연도를 암기할 때 자기가 좋아하는 일과 연관을 짓거나 의미를 부여하면 그리 어렵지 않게 숫자를 외울 수 있다.

분류를 잘 하면
정확한 암기를 할 수 있다

암기해야 할 단어가 여러 개 있을 때, 단어를 자신만의 방법으로 분류하고 정리해서 암기하면 보다 정확하고 쉽게 외울 수 있다. 예를 들어 '사과, 바지, 독수리, 텔레비전, 사자, 파인애플, 가방, 냉장고, 볼펜, 지갑, 토마토, 타조'를 외워야 한다고 하면 각 단어를 특징이나 비슷한 것끼리 나누어본다. 「과일; 사과, 파인애플, 토마토」, 「가지고 다니는 물건; 지갑, 가방, 볼펜」, 「동물; 독수리, 사자, 타조」, 「가전제품; 텔레비전, 냉장고」. 이렇게 각 카테고리 별로 구분해서 외우면 훨씬 능률적이다. 사람의 두뇌에는 한약방의 약재상자처럼 수많은 상자들이 달려 있다. 외부에서 입력된 정보가 각각 알맞은 상자로 들어가게 되면 훨씬 정확하고 오래 기억할 수 있다. 이것을 심리학에서 '관계상자(frame of reference)' 라고 부르는데 이렇게 암기해 두면 기억을 되살리기가 쉽다. 평소에 정리하는 습관과 분류하는 연습을 해두면

점점 '관계상자'가 보기 좋게 정리되어 기억의 입출력을 마음껏 조
절할 수 있게 된다.

자주 틀리는 것은 일부러 틀리게 써라

어떤 단어나 스펠링을 외울 때 처음에 잘못 외운 것은 아무리 제대로 다시 외우려고 해도 처음 틀리게 외운 것이 강하게 남아 있어 좀처럼 지워지지 않을 때가 있다. 이럴 때 효과적인 방법이 하나 있는데 계속 실수를 한다면 일부러 틀리게 써보는 것이다. 그러면 그 다음부터는 틀리는 일이 없다고 한다.

이것은 던톱이라는 미국의 심리학자에 의해서 증명되었는데 그는 타이핑을 할 때 아무리 신경을 써도 정관사 the를 hte로 치는 버릇을 고칠 수 없었다고 한다. 그는 이 버릇을 고쳐보려고 작정을 하고 종이 한 장 반을 일부러 hte라는 틀린 단어로 가득 채웠다. 앞으로 다시는 틀리지 않겠다는 각오로 연습을 계속하였더니 몇 달 후부터는 한 번도 그 단어를 실수하지 않게 되었다고 한다. 깜짝 놀란 그는 개인적인 경우에만 통하는 방법인지 객관성이 있는지를 알아

보기 위해 그의 속기학원 수강생에게도 같은 실험을 해보았다. 그러자 자신처럼 틀리게 치는 연습을 한 학생이 정확히 바른 철자를 쓰는 연습을 했던 학생에 비해 효과가 높았다고 한다.

일반적으로 생각해 볼 때 틀리는 것을 계속 연습하면 오히려 잘못된 지식이 굳어질 것 같지만 오히려 다시는 실수를 하지 않게 된다고 하니 신기한 일이다.

학습은 처음부터 정확하게 하는 것이 제일 좋다. 그렇지만 아무리 정확하게 외우려고 해도 계속적으로 실수를 하게 되는 경우가 있다. 특히 영어처럼 단어를 많이 암기하다 보면 잘못 암기할 수도 있는데 이럴 때 던톱과 같은 방법을 써보자. 확실한 효과를 볼 수 있을 것이다.

빨강, 초록, 노랑.

신호등 색과 같은 3가지 색깔을 암기에 이용해 본다.

교통신호에 있어서 빨강은 멈춤, 초록색은 안전하니 그대로 지나가라, 노랑은 주의하라는 뜻을 갖는다.

과목별 책이나 노트를 정리할 때 빨강으로는 중요도가 높으면서 난이도가 높아 다시 한 번 반복해야 할 부분을 표시하고, 초록색으로는 한두 번 읽어 보는 것으로 충분하니 무리 없이 진행해도 되는 곳에, 노란색으로는 확실히 외우지 못해 헷갈리기 쉽거나 잘 외워지지 않는 곳에 체크해 두자. 그러면 어느 부분에 어떻게 대응해야 할지 자신만의 암기 스케줄이 짜여지면서 공부법을 바로 세울 수 있다.

참고서도 처음 샀을 땐 다른 친구들과 똑같은 평범한 책이지만, 공부를 하면서 색깔 펜으로 표시하고 정리를 하면 나만의 하나밖에

탐구하여 찾아질 수 없을 정도로 어려운 문제는 존재하지 않는다.
-티랜티우스

없는 친근한 학습 도우미가 되어줄 것이다.

그러나 너무 많은 강조 표시나 색깔 펜의 남용은 오히려 집중력을 떨어뜨린다. 어떤 학생은 책 여기저기에 빨간 펜으로 밑줄이며 강조 표시를 도배하듯 그려 넣는 학생도 있다. 그러나 강조 표시가 너무 많아지면 오히려 시각적으로 강조 표시가 분산되어 기억을 찾는 실마리의 역할을 해줄 수가 없다. 강조 표시를 남용하면 오히려 역효과라는 것을 기억하자.

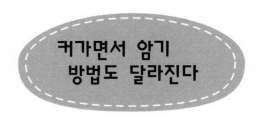

커가면서 암기
방법도 달라진다

초등학생은 구구단이나 한자 등을 기계적으로 외워 암기해도 무리 없이 잘 외울 수 있다. 그러나 수험생이 화학 방정식을 암기할 때 초등학생이 외우듯 기계적으로 암기한다면 오히려 암기가 힘들어진다. 사람은 누구나 수준에 맞는 암기법이 있기 때문이다.

중학생 정도가 되면 기계적인 암기력이 감소하고 그 대신 구조적인 기억력이 발달한다고 한다. 그러므로 중·고등학생에게는 내용을 이해하면서 암기하는 의미나 논리에 입각한 암기법이 합리적이라는 것이다. 화학 방정식도 방정식을 끌어내는 과정에서부터 시작하는 것이 훨씬 효과적이다.

학년이 높아질수록 청각보다는 시각이 발달한다. 초등학생은 청각을 이용해 암기를 하는 편이 쉽고 중·고등학생은 시각적으로 암기하는 것이 훨씬 쉽다. 그래서 초등학생이 구구단을 외우면서 공

하루의 생활을 다음과 같이 시작하면 좋을 것이다. 즉, 눈을 떴을 때 오늘 단 한 사람에게라도 좋으니 그가 기뻐할 만한 무슨 일을 할 수 없을까 생각하라. -니체

부할 때 어렵지 않게 암기할 수 있는 것이다.

　시각을 이용하여 공부하는 방법으로 수업 내용을 그림으로 그려 보거나 도표를 만들어 보는 것도 기억을 촉진한다. 앞 장에서 제안 했듯이 난이도에 따라 색깔 펜으로 단어장을 만들어 암기하는 것도 좋은 방법이다.

　이제 듣는 것으로 만족하지 말고 시각을 백분 활용하도록 알기 쉽고 이해하기 쉽게 자신만의 암기 노트를 만들어보자.

필기 방법도 암기와 밀접한 관계가 있다

수업 시간, 선생님은 몇 십 명 되는 학생들을 향해 똑같이 수업을 하지만 시간이 끝난 뒤 수업을 들은 학생들의 책이나 노트를 펴놓고 비교를 해보면 각자의 개성과 성격, 공부 방법에 따라 다른 내용과 중요도가 표시되어 있을 것이다.

그러나 중요한 것은 얼마나 어떻게 필기를 했느냐 하는 것보다 수업 내용을 얼마나 정확히 이해하고 받아들였는가 하는 것이다.

어떤 학생은 선생님의 말씀을 하나도 놓치지 않고 노트 가득 빼곡이 적었지만 필기하는 데 정신을 쏟아 정작 수업 내용은 기억 못하는 경우가 있다. 필기 중 조금이라도 빠뜨린 부분이 있으면 그 학생은 나중에 혼자 암기할 때 맥을 잇기 힘들게 된다. 그러나 정말 수업 내용을 충분히 듣는 데 집중한 학생은 수업을 머릿속에서 정리한 다음 중요한 포인트만 정리해 기록한다. 포인트 중심으로 필기한 학생은 필기 내용이 적더라도 수업 내용을 정확하게 파악하고

학문의 최대의 적은 자기 마음속에 있는 유혹이다.
-처칠

있기 때문에 암기가 훨씬 수월해진다.

미국 해군 인사관리연구소에서는 200여 명의 대학생을 대상으로 필기 방법과 암기의 관계를 조사했다. 그들은 같은 내용의 강의를 듣되 A그룹은 강의 내내 계속적으로 필기를 하게 했고 B그룹은 강의 도중 잠시 시간을 주어 그 사이에 필기를 하게 했다. 마지막 C그룹에게는 아예 필기를 하지 않도록 했다. 그 결과 A와 C그룹은 강의 내용의 37% 정도를, 강의 도중 짬을 내어 필기를 한 B그룹은 58%를 기억해 냈다고 한다. 즉 강의 내용을 몇 개의 단락으로 나누어 필기하면 단락별로 기억해 낼 수 있어서 전체의 내용을 구조적으로 파악할 수 있는 것이다. 나는 과연 어떤 방법으로 필기하면서 수업을 듣는지 확인해 보자.

인명,
지명 암기법

프랑스, 영국, 독일, 스페인 등 유럽 국가에서 절대왕정이 시작된 후 같은 이름을 가진 왕들이 몇 있었다. 그 중 가장 많이 나오는 이름이 루이(Louis), 찰스(Charles) 등. 한 나라에서 1세, 2세, 13세, 15세까지 계속되는 왕도 있고, 더군다나 여러 나라에서 같은 이름의 왕이 나오니 세계사를 공부하기가 여간 힘든 것이 아니다. 아무리 암기력이 뛰어난 학생이라도 이 부분에 있어서는 혼동이 극에 다다른다.

그러나 자세히 살펴보면 왕의 이름에도 각 언어별 차이가 있다는 것을 알 수 있다. 예를 들어 영어의 찰스는 독어로는 카를(Karl), 불어로는 샤를(Charles), 스페인어로는 카를로스(Carlos)라고 부른다. 또한 영어의 필립(Philip)은 독어로는 빌헬름(Wilhelm), 불어로는 필리프(Philippe)로 부르며 영어의 헨리(Henry)는 불어로 앙리(Henri)이다.

할 일을 많이 가지고 있지 않는 한 나태를 즐길 수는 없다.

-JK제롬

　

이렇듯 나라와 언어, 문화가 다르다는 것을 염두에 두고 암기에 적용할 수 있다. 또한 각 나라의 언어마다 액센트나 어감이 다르기 때문에 소리내면서 읽으면 그 특징을 확실히 구별해서 기억할 수 있다.

인명, 지명처럼 혼동되기 쉬운 부분을 교과서 표기대로 암기하라는 법은 없다. 암기하기 쉽도록 자신만의 구별 방법을 만들자.

아, 깜빡했다!

얼마 전부터 사고 싶던 책을 벼르고 별러 드디어 샀는데 산 날 바로 잃어버리고 말았다. 아무리 기억하려 해도 어디서 잃어버렸는지 기억나지 않는다면? 이럴 땐 서두르지 말고 그날의 이동경로를 차례대로 떠올려 본다.

'책방에서 책을 사서 학원에 가져갔지. 거기서는 들고 나왔는데, 그 다음에 화장실에 갔다가 배가 고파져서 햄버거를 먹으러 패스트푸드점에 들렀다. 햄버거를 먹고 나올 때는… 아, 맞다! 빈손으로 나왔다. 거기서 놓고 나왔구나!'

이렇게 시간과 공간의 이동으로 상황을 축소해 가면 물건을 어디서 잊어버렸는지 알 수 있다.

시험장에서도 이런 경우가 있다. 어제 분명히 잘 외워 두었는데 갑자기 기억나지 않고 머릿속에서만 맴돌 때, 아무리 기억하려 해도 날듯 말듯 애를 태울 때가 있다. 시간은 흐르는데 도무지 떠오르지는 않고, 침이 마르고 식은땀이 줄줄 흐른다. 그렇게 시험이 끝나고 나서 곧바로 교과서를 펼쳐보면 '아, 맞아! 알고 있던 건데. 이렇게 쉬운 걸…' 하면서 땅을 치고 통곡을 해도 이미 상황은 종료된 뒤다.

이때는 잊어버린 물건을 찾을 때와 같은 방법을 사용해 본다.

먼저 잊어버린 내용을 바로 기억해 내려 하지 말고 주변상황이나 관련된 내용을 하나하나 짚어 보면서 실마리를 찾는 것이 중요하다.

당황하지 말고 꼬리에 꼬리를 물면서 찾아 올라가다 보면 반드시 찾아낼 수 있다. 그러나 이런 방법으로 암기한 것을 기억할 수 있도록 평소 공부할 때 단편적으로 암기하지 말고 계통을 세워 암기해 두도록 하자.

그러면 시험장에서도 당황하지 않고 순서를 더듬어 가면서 깜빡

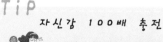

TiP

자신감 100배 충전

오래된 책일수록 기억의 실마리가 풍부하다. '컵라면 국물이 묻어 있던 쪽엔 정철의 '관동별곡', 친구가 볼펜을 떨어트려 펜자국이 남아 있던 쪽엔 이육사의 '광야'가 적혀 있었어.' 이렇게 손때가 많이 묻은 책일수록 기억의 실마리가 점점 많아진다.

했던 기억의 실타래를 쉽게 풀 수 있다.

암기한 것이 기억나지 않을 때

앞 장에서 말했듯 잊어버린 것을 기억할 때는 바로 그 것을 기억하려고 하지 말고 실마리를 찾아 거슬러 올라 가라고 했다. 머릿속에 저장된 내용은 따로따로 기억되 어진 것이 아니라 여러 가지 다양한 내용이 연관되어져 있다. 그래 서 중요한 부분을 잊어버렸다 해도 연관된 내용 한 가지만 발견하 면 그것을 출발점으로 해서 더듬어 올라갈 수 있는 것이다.

마치 형사 콜롬보가 사건 현장에서 우연히 발견한 하찮은 물건 하 나로 실마리를 삼고, 추적에 추적을 거듭해 범인을 잡아내듯 기억 의 실마리도 마찬가지 방법으로 찾을 수 있다.

먼저 공간 감각을 총동원한다. 그 내용이 책이나 노트의 왼쪽이 었는지, 오른쪽이었는지, 왼쪽이었다면 왼쪽 상단이었는지 하단이 었는지를 찾아 내는 과정은 잊어버린 것을 찾을 수 있는 충분한 단 서가 된다. 또 교과서의 사진, 삽화, 고딕 활자, 밑줄이나 별표시를 해둔 부분을 중심으로 실마리를 더듬어 결국 중요한 것을 찾을 수도 있다.

인간은 공간적 위치에 대해 뛰어난 능력을 가지고 있어서 수직, 수평, 좌우, 상하 또는 사선 등의 공간 지각이 머릿속에 이미 형성되어 있다. 이런 의식 작용은 잊어버린 기억을 되살리는 데 도움을 준다.

책이나 참고서에 기억을 재생하기 좋도록 중요한 부분에 그림을 그려 둔다거나 공부하면서 의문이 나는 것, 그때의 기분 등을 간단히 메모해 두면 필요 할 때 확실하게 기억할 수 있는 중요한 실마리가 되어 준다.

실마리를 찾는 첫 번째 방법은 다음과 같다.

'한국 최초의 한문소설을 쓴 조선시대 생육신 중 한 사람은 누구인가' 하는 문제가 나왔다. 정답은 「김시습(金時習)」. 하지만 '김'으로 시작하는데 그 다음 이름이 도저히 생각나지 않는다면 나름의 규칙대로 글자를 말하면서 알고자 하는 글자에 대입시켜 보는 것이다.

'가나다라마바사… 월화수목금토… 자축인묘진사오미… 도레미파솔라시. 아! 그래, '시' 다. 그러고 보니 「김시습」'

'시' 라는 음이 청각 기억으로 두뇌 어느 부분과 연결되어 있다가 '도레미파솔라시…' 하면서 튀어나온 것이다. 이런 저런 방법으로

행동의 씨앗을 뿌리면 습관의 열매가 열리고, 습관의 씨앗을 뿌리면
성격의 열매가 열리고, 성격의 씨앗을 부리면 운명의 열매가 열린다.
-나폴레옹

도 도무지 떠오르지 않을 때 한번은 시도해 볼 만한 방법이다.

실마리를 찾는 두 번째 방법은 다음과 같다.

어떤 행동을 하려다가 깜박 잊었을 때 우리 몸은 무의식적으로 그것을 생각하고 있던 장소로 움직이게 된다. 이처럼 잊은 것을 기억해 낼 때 처음 그것을 기억했던 장소를 떠올린다면 쉽게 기억의 실마리를 풀 수 있다.

역으로 절대 잊어버려서는 안 될 중요한 부분을 암기할 땐, 평소와 다른 환경에서 암기하면 기억력이 훨씬 높아진다. 집 안에서는 화장실, 베란다 등도 있겠지만 집에서 나왔을 경우는 아무 버스나타고 종점까지 갔다오면서 차 안에서 암기를 하는 것도 한 방법이될 수 있다.

그러나 하나도 놓치지 않고 모조리 외우겠다는 욕심보다는 기억의 실마리를 만들기 위함이라는 것을 잊지 말자.

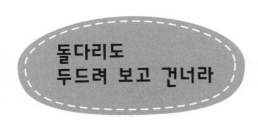

돌다리도
두드려 보고 건너라

자신의 기억력에 확신을 가지고 있는 사람이라도 '좀 더 자세하게 이야기해 봐라', '그것이 확실한 것이냐', '증명할 수 있느냐' 하면서 추궁을 하면 오히려 기억이 흐릿해지는 경우가 있다. '사람의 기억만큼 불확실한 것도 없다'는 말처럼 기억의 불확실성은 직관이나 선입관 때문에 생긴다.

공부도 부정확하게 암기하는 것보다 아예 전혀 모르는 편이 낫다. 시험을 볼 때, 전혀 암기하지 않은 부분이 나왔을 때는 과감하게 찍거나 추측해서 적을 수 있다. 그러나 외우긴 외웠는데 정확히 기억나지 않거나, 이것도 본 것 같고 저것도 본 것 같을 때는 고민 고민하다가 결국 엉뚱한 답을 쓰게 된다.

이럴 때는 찍어서 푼 문제보다 더 많이 틀렸던 경험이 누구나 있을 것이다. 이런 황당한 상황이 되지 않으려면, 한 번 암기한 것은 반드시 그 내용을 정확히 외웠는지 항상 되짚어 보는 시간이 필요하다. '눈에 보이는 돌다리라도 한 번 더 두드려 보고 건넌다' 는 마음으로 점검을 습관화 하자.

시험은 정답보다
틀린 답을 먼저 확인한다

시험은 '내가 어느 정도 알고 있고, 어떤 부분을 모르고 있는지'를 점검해 보기 위한 방법 중 하나다. 공부할 때는 나타나지 않던 결점이나 실수를 객관적으로 평가해 준다. 그러므로 점수에 연연하기 보다는 정확한 답을 파악해서 약한 부분을 한 번 더 점검하는 시간으로 삼는 것이 중요하다. 성적이 생각만큼 좋지 않았다면 정답을 확인하는 일이 그리 즐거운 일은 아니다. 그러나 시험에서 틀린 문제를 의무적으로라도 기록하는 습관을 갖자. 틀린 문제만을 뽑아 과목별로 정리를 해두었다가 짬날 때마다 들여다보는 것도 좋다. 틀린 문제는 결국 암기가 약한 부분이라는 뜻과 마찬가지다. 이 부분을 보충해 준다면 같은 실수를 반복하는 일이 줄어들 것이다.

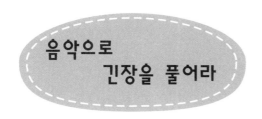

음악으로
긴장을 풀어라

　　　　적당한 긴장감은 암기력을 높인다고 이야기했다. 그러
나 지나치게 긴장을 하면 오히려 두뇌의 움직임이 둔해
져 결과적으로는 아무 도움도 얻지 못하게 된다.

　사람의 집중력은 긴장이 이완되어 마음의 부담이 없어질 때 가장
높다고 한다. 기억량을 늘리고 싶다면 어떻게든 긴장을 없애야 할
것이다.

　긴장을 없애는 방법 중 '음악'은 가장 좋은 방법이다. 음악은 3~4
분 정도면 충분하다. 공부를 시작하기 전에 마음을 차분히 진정시
키고 음악에 집중하다 보면 잡념도 사라지게 된다. 한 시간 단위로
짧고 편안하게 쉬면서 음악을 들으면 크고 작은 정보로 가득 찼던
머릿속이 맑아져 암기력이 올라가게 된다.

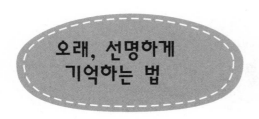

오래, 선명하게
기억하는 법

심리학에서는 의식의 확산을 '의식의 들'이라 표현한
다. 캄캄한 연극무대에 주인공 한 사람만을 비추는 스포
트라이트처럼 의식의 들에도 유난히 드러나는 의식이 있
다. '의식초점'이 바로 그것. 기억하고 싶은 대상을 의식초점에 맞
추면 기억의 흔적이 오래 지속된다.

암기가 잘 되는 장소는 바로 이 의식초점이 적용되는 공간이다.
지하철처럼 바깥 경치가 잘 보이지 않는 곳은 주변으로부터도 분리
된 공간이기 때문에 여기서 공부를 하면 집중이 빠르고 초점 맞추
기가 쉬워진다.

암기하는 방법에 있어서도 마찬가지다. 어두운 무대에 스포트라
이트를 비추는 것처럼 여러 가지 복잡한 환경 속에서 암기할 부분
에 포인트를 맞추고 집중하는 것이다. 그러면 기억의 흔적에 선명
한 줄을 남기게 되고 그 기억은 절대 지워지지 않는다.

역사인물을 외울 때 연관성을 찾아라

알렉산더대왕, 히포크라테스, 이순신 장군, 세종대왕 등 수 많은 역사의 위인들 가운데 아무래도 우리나라 위인들은 어려서부터 계속 들어왔기 때문에 이름만 들어도 연대, 업적 등이 척척 떠오른다. 세종대왕하면 한글, 이순신 장군하면 거북선이라고 바로 연상할 수 있다. 그러나 세계 다른 나라의 위인을 외워야하는데 이름도 낯설고 업적도 기억나지 않을 때가 많다. 이것은 자신의 생활 환경과 밀접한 인물일수록 친근감이 강해잘 외워지는 것과 같은 이치다. 이 원리를 이용해 세계 역사 인물을 암기할 때 자신의 주변 인물과 연결지어 외워보자.

'알렉산더대왕은 자기가 정복한 땅에 알렉산드리아라고 이름 지은 도시를 70개나 건설하였다고 하니, 좋은 물건만 보면 자기 것이라고 우기는 내 동생에게 이 별명을 지어주자' 하면서 외우고, 실제로 동생을 부를 때 "어이, 알렉산더 철수야."하면서 생활에 적용해 보는 것이다. 특히 중요한 역사 인물을 외울 때 이렇게 하면, 오랫동안 기억에서 지워지지 않을 것이다.

사오정 암기장

어느 과목이든지 어려운 문제인데도 쉽게 외워지거나 풀어지는 것이 있고, 반대로 몇 번씩 외우고 공부해도 볼 때마다 새로운 것이 있다. 기억의 대상에도 궁합이 있다. 일종의 상성(相性)이 있어 상성이 좋은 것은 한 번만 봐도 잘 외워지는 것이 있는 반면, 반대로 상성이 나쁜 것은 여간해서는 잘 외워지지 않는다. 그렇다고 그냥 넘어 갈 수도 없는 노릇. 상성이 나쁜 대상을 정복해야만 그 과목을 전체적으로 완전하게 기억할 수 있기 때문이다.

그렇다면 상성이 나쁜 부분을 어떻게 해야 효과적으로 기억할 수 있을까?

이럴 때는 상성이 나빠 아무리 노력해도 외워지지 않는 부분만을 따로 모아 한 권의 노트나 메모장에 적어 보자. 그리고 이 노트를 '사오정 암기장' 이라고 부르자. 이 암기장을 등하교길 버스, 전철,

도보 중에 짬짬이 복습한다. 꾸준히 반복해서 읽고 외우다 보면 어느새 '상성이 좋은 것'으로 변해 머릿속에 깊이 각인되어졌음을 확인하게 된다.

그러나 시험이 얼마 남지 않아 시간적 여유가 없을 때 암기장 방법은 사용하기 힘들어진다. 그럴 땐 상성이 나쁜 부분이 나오는 문제집이나 참고서의 몇 장 앞에 미리 표시를 해둔다. 공부를 하다가 미리 적힌 표시나 메모가 나오면 미리 그 부분을 좀 더 신경써서 공부할 수 있는 마음의 준비가 생기게 된다. 시험 전, 시간이 부족할 때 이런 방법은 노력과 시간을 절약해 준다. 시간적 여유가 있을 때 '사오정 암기장'으로 7~8번 반복해 외웠다면, 시험 직전에 이 방법을 활용하면 2~3번만 반복해도 충분한 효과를 거둘 수 있다.

영작문 실력을 높이는 법

연예인이 성대모사를 할 때 늘 빠지지 않고 흉내를 내는 사람이 있다. 유명 패션디자이너 김모 씨인데 그의 독특한 언어구사력 때문이다. 그는 언제나 우리말 문장의 기본 틀 위에 외국어를 많이 넣어서 이야기를 한다.

"오늘 드레스(dress)는 정말, 판타스틱(fantastic)하고 엘레강스(elegance)하면서 전체적인 밸런스(balance)가 아주 퍼펙트(perfect)하네요. 원더풀(wonderful)이예요."

이런 대화법은 영어 단어를 외우는 수험생에게도 좋은 암기법이다. 친구와 함께 시험 범위 안에 있는 단어를 넣어서 대화를 나눠보자. 이 때 단어의 악센트를 넣는 것도 잊지 말아야 한다.

우리나라 영어 수업은 아직까지 작문보다는 독해 위주이기 때문에 영작에 강하지 않은 것이 사실이다. 이런 구조 때문이라도 자신 있게 대화에 영어를 자주 사용하자. 특히 두세 가지 의미로 쓰이는

단어라면 이 방법으로 단어를 완전히 자신의 것으로 만들 수 있는 기회를 만들 수 있다.

혹은, 입 밖으로 이야기하지 않더라도 입 속으로 중얼거리거나, 이런 말은 영어로 어떻게 표현하는 것이 좋을지 머릿속으로 문장을 만들어 보는 것도 좋다. 이것을 꾸준히 실천하다 보면 생각할 때도 영어로 할 수 있는 습관이 길러져 영어 실력이 향상된다.

잘못 외워 혼동될 때는 잠시 쉬자

단어의 뜻이나 단어 자체를 처음에 잘못 기억했다면 그 잘못 입력된 내용이 고정화될 소지가 있다. 공부할 때 잘못 암기하거나 착각할 때가 있는데 이 기억은 보기보다 오랫동안 무의식에 자리 잡는 경향이 있다. 이땐 다시 외우려고 하지 말고 잠시 휴식을 취해 본다.

의식의 흐름이 바뀌지 않으면 실수는 고착되고 쉽게 지워지지 않는다. 잠시 휴식을 취하고 나면, 다시 새로운 시작으로 두뇌가 인지하게 되므로 잘못 외웠던 내용이 새로 암기된 내용에 장애를 주지 않는다. 그리고 다시 정확히 기억할 수 있게 된다.

국사와 세계사의 만남

낱말 맞추기 퍼즐게임은 가로 단어의 첫 자나 끝 자로 시작하는 단어를 세로로 푸는, 그래서 차츰 단어들이 연결되는 낱말게임이다. 이 원리를 암기 과목에 적용해 볼 수 있다.

그동안 역사과목을 종적(縱的) 방향으로만 이해하고 암기해왔다면, 이제 횡적(橫的)으로도 공부해 볼 필요가 있다. 국사와 세계사를 시대별로 나란히 연결해 비교하는 도표로 만들어 본다. 그러면 종적인 국사와 횡적으로는 세계사와 맺는 관계, 영향 등을 넓은 시야로 파악할 수 있다. 종과 횡이라는 위치의 상관관계를 매개로 하는 암기법은 전후 맥락이 복잡하게 얽혀 있는 역사 과목 등의 암기량을 증진시키는 데 효과가 있다.

장소나 물건에 메모를 붙이면서 외운다

현대는 각종 세미나나 강의에 온갖 시청각 자료를 이용한 그야말로 멀티미디어 연설이 가능하다. 그러나 고대 그리스나 로마 철학가, 웅변가들은 원고 없는 연설을 몇 시간이나 머리로 암기해 전달했다. 그렇기 때문에 연설가의 조건 중 하나가 바로 암기력, 숙달된 기억법이었다.

그 시대 웅변가들은 자신의 집이나 주변 각 부분을 연설 내용과 연결시키는 암기법을 사용했다. 예를 들어서 연설의 서두 부분은 마당, 본론 부분은 거실, 결론 부분은 침실과 결부시켜 두는 것이다. 이렇게 암기를 해두면 실제 연설을 할 때 자신이 생활하고 있는 집 안의 모습을 상기하면서 당황하지 않고 술술 재생 할 수 있다고 한다.

수험생도 암기 과목이 없어지지 않는 한 이 방법을 충분히 활용할 수 있다. 공부방이나 자신이 활동하는 집 안 곳곳의 공간에 외워야

할 내용을 적어둔 메모지를 붙여 두는 것이다. 이때 메모 내용과 연결하기 좋은 공간이 어디인지 생각해 보면서 메모지를 붙인다면 그 과정의 기억까지 합해져서 정확히 암기할 수 있게 된다. 혹시라도 메모가 기억나지 않을 때는 메모를 붙인 장소를 떠올리면 기억 재생이 쉬워진다.

자주 다니는 길과 암기 내용을 연결시켜도 기억 재생이 쉽다. 통학길이나 학원 가는 길의 특징을 이용해 암기에 적용하는 것이다. 특히 순서대로 외워야 하는 경우 이 방법은 매우 효과적이다. 이 연결법을 일상화하면 암기가 재미있고 암기한 내용을 정확히 기억하는 데 도움이 된다.

정확하게 기억할 수 있는
단어 암기법

영어 단어를 얼마나 암기하고 있는가가 시험 점수를 좌지우지한다. 단어는 뭐니뭐니 해도 반복해서 암기하고 활용하는 것이 제일이다. 한두 번 외우고 말면 나중에 그 단어를 봤을 때 '아, 이 단어 외웠었는데, 뭐였더라?' 하며 기억이 가물가물하기 십상이다.

단어를 외우는 방법도 사람마다 다르다.

어떤 학생은 영어 단어를 소리나는 대로 읽어서 단어 뜻과 연결시켜 외운다. '동의하다' 는 뜻의 'agree' 를 소리나는 대로 읽으면 '어그리' 가 된다. 이것을 '어, 그래?' 로 읽으면서 자연스럽게 단어의 뜻과 연결시켜 외우는 방법이 있다.

또 긴 단어는 몇 음절씩 끊어서 읽으면 잘 외워지기도 하고, 단어의 어원을 생각하며 외우면 더 실감나게 외울 수도 있다.

'mesmerize' 는 '매혹하다, 홀리게 하다' 라는 뜻을 가지고 있다.

사람은 부지런하면 생각하고, 생각하면 착한 마음이 일어나지만, 놀면 음탕하고, 음탕하면 착함을 잊으며, 착함을 잊으면 악한 마음이 생긴다. -소학

이 단어는 '메스머라이즈' 라는 유명한 최면사의 이름에서 유래됐다고 한다. 최면사 직업상의 특성을 생각해 보면 이해가 **빠를** 것이다.

어근이나 접두사, 접미어를 분리해 외우는 것도 역시 효과적이다. 'foresee' 라는 단어를 fore와 see로 나누어 보자. fore는 '~전의, ~앞의' 라는 뜻이고, see는 '보다' 이다. 직역하면 '미리 보다' 인데 이 단어는 '예언하다, 선견하다' 라는 뜻을 가진다. 이런 식으로 외우면 훨씬 쉽게 이해가 되고 정확하게 암기할 수 있다.

중요한 것은, 암기할 때 '어떻게 외우면 잘 외워질까, 잊어버리지 않을까' 궁리하고 연구하는 과정이 기억력을 몇 배나 증가시켜 준다는 것이다. 자신의 암기 스타일과 맞고, 마음에 드는 방법으로 암기를 하다 보면 '나도 할 수 있다' 는 자신감이 생겨 짧은 시간에 많은 것을 암기할 수 있게 된다. 자신에게 맞는 암기법을 찾게 되면 복잡한 단어도 쉽게 느껴진다. 두뇌의 상호 정보간 연합이 활발해지기 때문이다.

반대로 '이렇게 외우면 될까', '내가 잘 외우고 있는 걸까' 의심을 갖기 시작하면 잡념이 생겨 집중력이 흐트러진다. 그러므로 '아무리 외워도 잘 잊어버리니, 기억력이 나쁜 것 같다'고 자책하지 말자. 절대로 자신의 기억력이 나빠서가 아니라, 암기방법이 자신에게 맞지 않아서니까.

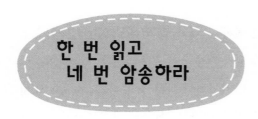

한 번 읽고
네 번 암송하라

암송(暗誦), 누구나 이 암송이 기억에 매우 효율적이라는 것을 알고 있다. 하지만 정작 적극적으로 공부에 적용하는 사람은 그리 많지 않다.

시험장에서 문제를 풀 땐 어떤 도움이나 힌트도 없는 상태에서 오직 자신의 기억력만을 의지해 재생시켜야 한다. 평소 암송을 통해 암기한 학생이라면 정확히 기억된 지식이 크게 도움이 된다.

학습 심리 연구로 잘 알려진 게이츠 박사가 밝힌 효과적인 암송 방법을 살펴보자. 그는 한 실험에서 피실험자에게 16개의 무의미한 철자를 외우게 했다. 그리고 9분 동안 계속 '읽기'로만 암기하게 했을 때와, 주어진 시간의 3/5은 읽는 데 2/5는 암송하는 데 시간을 할애하게 했을 때, 1/5은 읽고 4/5는 암송에 비중을 두었을 때를 비교 조사했다. 암송하는 시간이 길면 길수록 기억량이 늘어났다. 기억하는 비율이 읽기만 했을 경우는 35%인 반면, 4/5를 암송에 할애

미래는 일하는 사람의 것이다. 권력과 명예도 일하는 사람에게 주어
진다. 게으름뱅이의 손에 누가 권력이나 명예를 안겨줄까. -힐티

했을 때는 74%로 큰 차이를 보였다고 한다. 다시 4시간 후에 암기
내용을 한 번 더 확인했는데, 읽기만 했을 때는 15%만 기억하고 있
었으나, 4/5를 암송한 경우에는 48%를 정확히 기억하고 있었다고
한다. 이 실험으로 암송 시간이 많을수록 기억하는 양은 증가하며,
기억을 유지하는 시간도 길어진다는 것을 알게 되었다. 그리고 암
송하면 확실하게 기억했는지 아닌지를 확인할 수 있고, 기억하기
어려운 부분이 어딘지를 금방 알아낼 수 있다. 암송의 가장 효율적
인 방법은 게이츠의 실험 결과처럼 '한 번 읽고 네 번 암송' 하는 것
이다. 암송할 때는 필요 이상으로 내용을 들여다보지 말고 꼭 필요
할 때에만 보도록 한다.

TiP
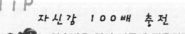

자신감 100배 충전

암송법은 영어 과목에 적용하면 좋다. 영어는
독특한 리듬이 있어 계속 암송을 반복하면 의외
로 간단하게 적응할 수 있기 때문이다.

인물 암기, 생애별
업적별 카드를 따로 만들어 둔다

도서관에 가면 도서의 이름별로 분류해 놓은 '서명 색인'이 있는가 하면, 저자명을 한글 순으로 분류해 놓은 '저자 색인'도 있다. 결국 책 제목만 알고 있거나, 저자 이름을 알고 있는 경우에 원하는 책을 쉽게 찾을 수 있게 된다.

전화번호부만 하더라도 인명편, 업종편, 상호편 등으로 분류해 놓아서 원하는 정보와 전화번호를 빨리 찾을 수 있도록 해놓았다.

자, 이제 이 방법을 국사와 세계사 공부에 응용해 보자.

예를 들어, 일본강점기의 민족시인 '정지용'에 대해 알아 보려고 한다면, 먼저 그의 전반적 생애를 주요 카드로 만든다. 그 다음 그의 대표적 시 '향수(鄕愁)', '압천(鴨川)', '바다' 등에 대한 보조카드를 만드는 것이다. 주카드에는 보조카드의 저서 이름을 적어 넣고, 보조카드에는 '정지용 참조'를 기록해둔다. 이런 형식으로 진도가 나갈 때마다 하나씩 카드를 만들어 두면 '정지용'에 대한 카드

백 권의 책에 쓰인 말보다 한 가지 성실한 마음이 더 크게 사람을 움직인다. -B.프랭클린

를 읽을 때 그의 시 '향수', '압천' 등을 연상할 수 있다.

이 방법을 사용하면 하나의 기억의 실마리를 통해 그 항목에 관한 폭 넓은 지식까지 암기할 수 있게 된다. 즉 참고 자료를 만드는 데 들인 시간만큼, 아니 그 이상의 효과를 보게 되는 것이다.

Tip

자신감 100배 충전

>> 정확한 암기 10계명

1. 암기 방향을 역방향으로도 전환시켜 암기한다.

2. 친구나 가족에게 암기한 내용을 자주 설명해 준다.

3. A, A→B, A→B→C… 식으로 이미 암기한 부분에 새로 학습할 부분을 계속 연결해 학습하는 직접반복법으로 암기한다.

4. 해답 풀이는 절대 보지 말자. 시행착오가 있어야 더 오래 더 정확하게 기억한다.

5. 자주 틀리는 영어 단어는 일부러 틀리게 써보라. 계속 틀리게 쓰다 보면 오히려 바른 철자를 쓰게 된다.

6. 난이도별로 빨강, 초록, 노랑 색깔 펜으로 구분해 둔다.

7. 정답보다는 틀린 답에 신경을 써라. 틀린 문제만 적어 두는 메모장을 만들어 두자.

8. 국사와 세계사는 낱말맞추기 퍼즐게임처럼 종과 횡으로 연결한 도표를 만들어 암기하자.

9. 장소나 물건에 메모지를 붙이면서 외우자.

10. 한 번 읽고 네 번 암송해 보자. 암송 시간이 많을수록 더 오래 기억한다.

제4장
시험증후군 탈출법

시험 압박에 시달리다 보면 스트레스가 쌓여, 평소보다 더 집중이 안 되고,
불안감을 떨칠 수 없게 된다. 이 모든 것이 집중력의 적이다. 이때 활용할 수 있
는 수험생을 위한 효과적인 집중법을 이 장에서 소개한다.

집중이 안 될 때 복식호흡을 한다

공부는 철저히 자기 자신과의 싸움이다. 누가 대신 외워 줄 수 있는 것도 아니고, 시간을 내줄 수 있는 것도 아니다. 그러다 보면 정말 내가 잘하고 있는 건지 갑자기 불안과 초조가 찾아오기도 한다. 이것이 집중력을 방해하는 가장 무서운 적이다.

체육 시간에 하는 국민체조를 생각해 보자. 운동을 시작하기 전에 몸을 풀기 위한 워밍업인 체조의 마지막 마무리는 늘 심호흡으로 한다. 준비운동을 마무리하면서 몸과 마음을 가다듬기 위한 마무리 동작이다. 이 심호흡은 공부할 때 여러 가지 불안한 마음을 물리쳐 주는 데 도움이 된다. 집중력을 회복하고 싶다면 굳이 의자에서 일어서지 않더라도 앉은 채로 크게 그리고 천천히 숨을 내쉬고 들이마셔 보자. 어느 정도 마음이 진정되고 집중력이 생길 것이다.

심호흡은 의학적으로도 그 가치를 인정받고 있다. 복식호흡을 자

생각이 천 리 밖에 있지 아니하면 근심이 책상과 자리 밑에 있다.

-논어

주 하는 사람 중에는 스트레스나 노이로제 환자가 없다고 한다.

복식호흡은, 먼저 힘을 뺀 뒤에 입을 다물고 배를 내밀고 4~6초간 숨을 들이마셨다가, 4초간 숨을 참는다. 다시 천천히 10초간 입으로 휘파람을 불듯 숨을 내쉬면서 배가 들어가게 하는 것이다. 이것을 몇 분간 반복하면 소화활동이 잘되고 혈액순환과 피로회복도 빠르다. 꼭 앉아서 할 수 있는 것은 아니다. 눕거나 걸으면서도 복식호흡을 할 수 있다. 공부를 시작할 때, 그리고 공부 도중이라도 집중력을 되찾고 싶다면 편안한 자세로 복식호흡을 시도해 보자.

때로는
계획표를 무시해라

PM 7 : 00 ~ 8:30 → 영어

PM 8 : 30 ~ 10:00 → 국어

PM 10:00 ~ 10:30 → 간식

PM 10:30 ~ 12:00 → 수학

여러 과목을 공부해야 할 때 시간을 분배해 공부 시간을 배치해 본다. 이렇게 공부 계획을 세워 놓으면 시간 분배에 효율적이라 생각할 수 있지만 잘못하면 능률을 떨어뜨릴 수도 있다.

만일 영어 공부가 전과는 달리 금새 이해되면서 잘 외워지고 문제가 술술 풀린다면 영어 공부의 리듬을 탔다는 의미고, 집중력도 최고점에 이르렀다는 뜻이다. 마치 계속되는 가뭄으로 갈라졌던 논바닥이 쏟아지는 소나기에 물을 흠뻑 들이마시고 있는 상태다. 이렇게 집중력이 최고조로 작동하는 상태가 그리 자주 오진 않는다. 영어 공부를 계속한다면 평소보다 몇 배의 능률을 올릴 수 있지만 이

용기는 별로 인도하고, 두려움은 죽음으로 인도한다.
-세네카

상황에서 영어를 중단하고 국어책을 펼쳐 든다면 평소와 다를 바 없는 양의 소득만 올릴 뿐이다. 그러므로 한 과목에 집중하기 시작 했고, 리듬을 탔다고 느껴지면 계획을 접어 두고 집중력이 계속될 때까지 그 과목에 집중하는 것이 현명한 판단이다.

TiP

자신감 100배 충전

시간표대로 공부하다 보면 문제 푸는 힘을 기르는 본연의 목적은 희미해지고 '몇 시까지, 몇 시간 공부 해야 한다'는 것이 목적이 되어버릴 수 있다. 시간에 신경을 쓰면서 공부를 하고 있다면 집중력이 더 필 요하다는 뜻이다. 수험생에게 있어 공부는 시간이 아니라 집중력으로 관리해야 하는 것이다.

무엇부터 할까 고민 될 때

중국집에서 음식을 먹으려면 '무얼 먹을까' 고민스러울 때가 있다. 자장면도 먹고 싶고, 짬뽕도 먹고 싶은데, 그 중에서 무엇을 골라야 할지 선뜻 한 가지를 고르자니 갈등이 된다. 여러 사람이 같이 간 경우라면 '서로 다른 것을 시켜서 나누어 먹기'로 합의하기도 한다. 그러면 마음이 훨씬 가벼워지면서 쉽게 메뉴를 결정할 수 있다.

공부를 할 때도 마찬가지다. 공부할 분량이 한 과목이라면 문제 되지 않지만 수능시험과 내신 성적을 위해서는 3년간 전 과목을 골고루 공부해야만 한다. 그중 몇 과목이라도 놓친다면 평균점수에 막대한 영향을 미치게 된다. 이렇게 전 과목을 신경 써야 하니 책상 앞에 앉아 수학을 하다가도 '내가 지금 시간 오래 걸리는 수학을 할 때가 아닌데' 하는 마음이 생긴다. 그렇다고 암기 과목을 하자니 그것도 우선 순위가 아닌 것 같아 마음이 흐트러지고, 집중력도 떨어

근심은 고통을 빌려 가는 사람들이 지불하는 이자이다.
-G.W.라이언

진다. 이런 경우엔 모든 과목을 한꺼번에 시작해 보는 것도 좋은 방법이다. 국어 공부를 시작으로, 다음엔 국사를 하고, 또 조금 뒤에 영어를 한다. 이렇게 공부하면 오히려 안 하니만 못하게 되는 것이 아닌가 걱정하지 말라. 작정을 하고 이대로만 실천하면 각 과목에 대해 어느 정도의 안목이나 요령이 생기게 된다. 또 이 단계는 집중을 위한 준비운동 상태고, 적은 시간을 할애하기 때문에 지금 하고 있는 과목 외에는 신경 쓸 틈이 없다. 오히려 전 과목에 대한 집중력이 향상된다. 그리고 공부에 대한 안목이 생겨 과목별 포인트와 난이도를 빨리 파악할 수 있다.

일단 쉬운 과목부터 시작해 차츰 어려운 과목으로 바꿔 가는 것도 좋고, 반대로 어려운 과목부터 시작해 쉬운 과목으로 이어가도 된다. 여러 과목 가운데 그때 그때 하고 싶은 공부나 비중 있는 과목에 중점을 두고 공부를 해나가면 어느 순간 '여기가 제일 중요한 부분이구나' 하는 것을 깨닫게 된다. 이 단계가 되면 암기력은 물론 전 과목에 대한 집중력도 함께 높아진다.

TiP

자신감 100배 충전

이 방법으로 공부할 때 중요한 것은, 한 과목을 시작했으면 최소한 그 과목의 암기 요령을 터득할 때까지 다른 과목으로 넘어가면 안 된다는 점이다. 어설프게 그만두면 오히려 자신감이 없어지고 미련이 남아 집중력이 흐트러진다.

늦었다고 생각할 때가 가장 빠른 때이다

입시를 향해 책상머리에 D-250일, D-100일, D-25일 이라고 적어 놓은 날짜를 바라보면 마음은 더욱 초조해진다. '시간이 없으니, 이제 공부는 하나마나' 라며 포기하고 싶어지기도 한다.

이런 착잡한 마음은 접어 두자.

'늦었다고 생각할 때가 가장 빠른 때' 라는 속담처럼 '시간이 없다' 고 생각 할 때가 공부에 집중하기 가장 좋은 시간이다. 어느 정도 시간적인 여유가 있을 때 10시간을 공부하는 속도보다, 절박한 심정으로 '죽기 아니면 까무러치기' 로 집중해서 1시간을 공부하는 것이 더욱 효율적이라고 할 수 있다.

'정말 한 시가 아깝다', '오늘 이것을 끝내지 않으면 안 된다' 는 심정으로 공부를 하면 놀라울 정도의 집중력이 발휘되어 능률을 올릴 수 있다.

역경은 진리로 통하는 최고의 길이다.
-바이런

'죽을 정도의 위기 상황에서 사람은 엄청난 힘을 발휘한다. 급박한 상황이라고 판단되는 순간 사람은 자신도 놀랄 만큼의 에너지를 쏟아낸다. 평소에는 빈둥빈둥 노는 것 같다가도, 시험을 며칠 앞두고는 바짝 피치를 올려 좋은 성적을 거두는 경우가 바로 이런 이치다. 물론 일부러 급박한 상황을 만들 필요는 없다. 평소에 꾸준히 반복학습을 하는 것이 가장 좋다. 그러나 차일피일 미루고 미루다 당장 시험이 코앞에 닥쳤다 하더라도 포기하지 말자. 자신의 머릿속 어딘가에 꿈틀대고 있는 '잠재력과 집중력'을 끌어낼 시간이 된 것뿐이다.

심리적 불안은 몸을 움직여 발산하라

축구, 농구, 배구 등 운동선수들은 시합을 앞두고 몸을 좌우로 크게 흔들거나 함성을 지르면서 몸을 푼다. 시합 전의 긴장과 초조함을 떨쳐 버리거나 시합에 대한 집중력을 높이기 위해서다. 긴장감과 초조함은 그대로 방치하면 할수록 눈덩이처럼 불어난다. 운동선수들은 손발을 털거나 소리를 지름으로써 긴장, 초조의 심리 에너지를 육체 에너지로 변환시켜 몸밖으로 내보낸다.

수험생도 마찬가지. 마음의 초조함이 좀처럼 사라지지 않는다면 책상에 앉아 있다 해도 공부에 지장을 주어 시간만 죽이는 결과를 낳는다. 이때 운동선수들처럼 몸을 움직여 집중을 방해하는 세력들을 물리치도록 한다. 조깅이나 온몸체조를 해도 좋고, 운동장이나 공원에서 소리를 질러보는 것도 좋다. 밖에 나갈 수 있는 형편이 아니라면 실내에서 크게 기지개를 켜도 좋고 손을 쥐었다 폈다 하면

서 마음의 시선을 다른 곳으로 돌리는 것도 좋다.

이런 행동은 잡념을 육체에너지로 변환하여 방출하게 한다. 몇 분 간 긴장을 발산하고 나면 산뜻한 기분으로 공부에 집중할 수 있게 된다.

TiP

자신감 100배 충전

최면술 등 정신 분석을 위해 환자를 일단 편안한 의자나 소파에 눕히는 장면을 방송 등을 통해 본 적이 있을 것이다. 몸을 편안하게 하면 마음도 편안해지기 때문이다. 긴장은 몸을 움직여 해소할 수 있다. 그래도 나아지지 않는다면 잠시 가장 편안한 자세로 누워 마음을 가다듬는 것도 좋은 방법이다.

참 참 참, 밤참

손은 제2의 두뇌라고 한다. 손의 미세근육이 움직일 때 뇌를 자극하기 때문이다. 손을 움직여 물건을 만들거나 종이를 접고, 찢고, 주무르는 것 모두가 뇌의 기능과 밀접한 행동이다. 그뿐 아니라 산책을 하는 것도 뇌의 기능을 활성화시킨다는 이론도 있다.

공부할 때도 책을 읽기만 하는 것보다 몸을 적당히 움직인다거나 손을 쥐었다 폈다 하면서 하는 것이 두뇌에도 좋고 집중력도 키워 준다.

늦게까지 공부를 하다 출출해질 때, 이때가 몸을 움직여 줄 절호의 시간이다. 늦게까지 공부하면 그만큼 에너지 소모가 많아 열량이 부족해진다. 식욕이 왕성한 때인 수험생에게 밤참은 **빼놓을 수 없는 기쁨**이다. 밤참을 직접 만들어 먹는 학생은 그렇게 많지 않은 듯하다. 어머니가 만들어 주거나 아니면 냉장고 등에서 손쉽게 꺼

내 먹는 것을 선택한다. 그러나 밤참을 손수 만들어 먹으면 두뇌개발과 기분전환에 좋다.

밤참으로 우동을 선택했다면 직접 적당한 물을 부어 끓이고, 팔팔 끓기 시작하면 면을 넣고, 파를 썰고 계란을 풀어 넣는다. 우동을 먹기 위해서는 젓가락이 필수, 젓가락을 사용하는 것은 두뇌를 자극시킨다.

밤참을 스스로 만드는 것만으로도 집중력을 높이는 좋은 재료가 된다. 밤참을 만들어 먹을 여건이 안 되더라도 밤참을 먹을 때는 공부하던 방에서 나와 먹도록 한다. 시간이 아깝다고 마음의 여유까지 갖지 못하면 집중력도 손해를 입게 된다. 휴식과 공부시간을 엄격히 구분하면 공부 시간을 더 유용하게 사용할 수 있다. 단 1초라도 아까운 것은 공부 시간이 아니라 바로 휴식시간이다. 밤참을 먹을 때는 공부방 밖으로 나와 마음을 새롭게 하는 것이 집중력을 회복하는 데 도움이 된다.

자신감 100배 충전

보통 밤참으로 케이크, 초콜릿, 과자, 피자 등 기름기와 당분이 많은 음식을 선택하는데, 이 음식들은 열량이 높아 먹고 난 다음날 속이 더부룩해 아침을 거르게 만들 수 있다. 그러나 우유, 과일, 삶은 감자나 고구마 등과 채소류는 부족하기 쉬운 비타민과 무기질, 섬유질을 보충해 줄 수 있어 밤참으로 좋다. 죽과 같은 유동식도 위에 부담이 적어 밤참으로 안성맞춤이다. 호두, 메추리알, 미역, 김, 대추, 검은깨, 파 등은 두뇌를 발달시켜주니 밤참의 재료로 활용하자.

공부도 리듬을 타면 그 순간 집중력이 최고조에 이른 것이라고 이야기했다. 공부의 능률이 한참 올라 있을 때 전화가 온다거나 식구가 들어와 말을 시키면 흐름이 깨진다. 집중력은 일단 리듬이 끊기고 나면 다시 그 리듬을 타기까지 적지 않은 시간이 걸린다. 이렇게 리듬이 깨지는 것을 막기 위한 방법으로 방문에 팻말을 걸어 보자.

'공부 중 접근금지', '지금 한참 필 받았어요^^' 라고 애교 섞인 글귀를 붙여도 좋다.

공부 시간뿐 아니라 휴식 시간에도 다른 사람들의 방해를 받지 않고 쉴 수 있다면 공부 시간에 더욱 집중해서 공부의 능률을 올릴 수 있다.

공부하기 전
나만의 의식을 갖자

나는 과연 이 실력으로 원하는 대학에 갈 수 있을까? 내 공부 방식이 잘못된 것은 아닐까? 문득 이런 고민이나 압박이 다가올 때가 있다.

어느 정도의 긴장감은 집중에 도움이 되지만 그 단계를 넘어서 초조함이 집중력을 무너뜨리는 정도가 되어선 안 된다. 잠이 오지 않을 때는 양을 한 마리씩 세어 본다거나 우유 등을 마시면 도움이 된다고도 한다.

이러한 잠자기 전의 의식과 같은 행동을 심리학에서는 취면의식 (就眠儀式)이라 부른다. 사람의 마음을 잠에 집중시키는 것인데 잠을 청할 때뿐 아니라 뭔가에 집중하고 싶을 때 이런 원리를 활용할 수 있다. 성악가가 노래를 부르기 전에 '아, 아, 아…' 하면서 목을 푸는 것처럼, 공부 시작 전에 나만의 '취면의식'을 행해 보는 것이다. 예를 들어, 국민교육헌장을 큰 소리로 읽어 본다거나, 좋아하는 노래를 틀어놓고 같이 따라 불러 본다거나 가벼운 스트레칭을 하는 것도 좋다. 마음의 준비를 한다는 의미에서 이런 '의식' 은 생각보다 큰 효과가 있다.

누워서 공부해도 집중력이 좋아진다

케네디 전 미국 대통령은 평소 백악관 집무실에서 흔들의자에 앉아 업무를 보았다고 한다. 이 흔들의자는 케네디 가(家) 대대로 내려온 유물로 케네디의 주치의의 권유로 사용하게 되었다고 한다. 흔들의자에 앉아 몸을 흔들면 혈액순환도 되고 근육의 활동이 활발해져 관절이 부드러워진다고 한다. 또 몸을 자유롭게 흔들면 두뇌운동이 자유로워진다.

마찬가지로 공부할 때 자신이 가장 편하게 느끼는 자세를 취해 보자. 그 자세가 엎드리는 것이든, 다리를 올려 놓고 하는 것이든 상관없다. 자기가 편하게 생각하는 자세는 피로를 덜어줄 뿐 아니라 정신을 집중시켜 주는 역할도 한다.

그러나 식사 후나 늦은 밤에 너무 편하게 앉아 있거나 누워 있다가는 자신도 모르는 사이에 졸음이 찾아와 공부를 방해할 수도 있으니 이럴 때는 자리를 바꿔가면서 공부해 보자.

숫자를 반복해서 외우면 집중력이 커진다

심리학적으로 숫자를 반복하는 것은 집중력을 높이는 데 큰 효과가 있다. 다음의 설명을 듣고 직접 실험을 해 보아도 좋다. 3~14라든가 8~26처럼 어중간한 숫자를 정해서 반복하여 세어 보자. 5나 10단위로 나누어 세는 것보다 정해진 숫자까지 암기하고 다시 처음 정한 수로 되돌아가는 것이 생각처럼 쉽지 않다. 아주 잠깐 숫자에 집중하지 않고 외우다가 반복해야 할 숫자를 놓치기도 한다. 시간을 정해 놓고 이것을 규칙적으로 하려면 시간 내내 몰두해야만 한다. 이것을 규칙적으로 반복하는 연습을 통해 집중력을 높일 수 있다. 잠자기 전 5분 동안 일정한 수를 정해 놓고 반복해서 세어 보자. 5분 동안 실수 없이 셀 수 있게 되면 10분, 20분 시간을 연장해 연습을 하는 것이다. 이 때 첫 숫자와 끝 숫자는 3, 4, 6, 8 같이 딱 떨어지지 않는 어중간한 숫자로 정한다. 이것을 매일 반복하면 집중력이 향상될 뿐 아니라, 시험장처럼 긴장되는 장소에서도 당황하지 않고 마음의 평정을 찾는 능력도 기를 수 있다.

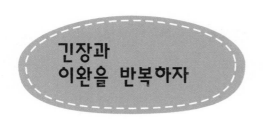

긴장과 이완을 반복하자

영화나 드라마를 보면 멋지게 차려 입은 기업주가 럭셔리한 가죽의자에 앉아 다리를 책상 위에 올려 놓고 거들먹거리는 장면이 종종 나온다. 거만해 보이기까지 한 이 자세는 실은 불필요한 피로를 줄여 주고 정신을 집중시키는 데 효과적인 자세다.

공부를 하면서 가끔 내가 몸에 너무 힘을 주고 있지 않나 살펴보자. 어깨가 뻐근하고 소화가 잘 안 된다면 심리적 불안감이나 공부에 대한 압박감 때문에 긴장하고 있다는 증거다.

이것은 집중력을 높이는 데 마이너스다. 집중력을 지속하기 위해서는 긴장과 이완이 적절하게 밸런스가 맞아야 한다.

그러려면 수의근(隨意筋) 즉, 손이나 발, 목 등의 긴장을 풀어야 한다. 몸이 완전히 쉴 수 있는 수면으로 긴장을 풀 수도 있지만 곧 공부를 해야 할 상황이라면 간단하게 근육의 긴장을 풀어 주자.

조급히 굴지 말아라. 행운이나 명성도 한순간에 생기고 한순간에 사라진다. 그대 앞에 놓인 장애물을 달게 받아라. 싸워 이겨 나가는 데서 기쁨을 느껴라. -앙드레 모로아

오른손으로 글씨를 쓸 때는 왼손과 다리의 힘을 빼고 긴장을 풀어 주는 방법으로 긴장과 이완을 반복하는 것이 좋다.

사람이 긴장한 상태로 가장 오래 집중할 수 있는 시간은 고작 해야 20분~25분 정도다. 그래서 전문가들은 하루 25분 독서법을 권장한다. 이 이론을 학습에 적용해 보자. 최대한의 집중력으로 공부하기 위해서는 한 시간에 두 번 정도, 즉 25 분간 집중하고 나서 잠시 휴식을 취하는 패턴으로 반복하는 것이 좋다.

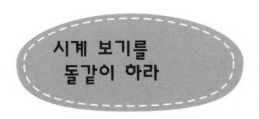

시계 보기를 돌같이 하라

시계를 자주 쳐다보는 행동은 긴장 상태에 있다는 것을 말해 준다. 그러면 마음이 안정되지 못해 공부에 집중하기가 힘들다. 시계를 쳐다볼 때마다 능률이 떨어지고 초조함도 생긴다.

인간은 시간을 의식할 수 있는 유일한 동물이다. 그래서 초조함도 느낄 수 있는 것이다. 집중이 안 될 때 초조함이 찾아오면 그 초조함 때문에 더욱 집중이 안 되는 악순환이 계속된다. 친구와의 성적 등을 비교하면서 느끼는 상대적인 시간과, 자기 자신에게 주어진 절대적 시간이 서로 뒤엉켜 신경이 예민해지고 초조해진다.

이럴 땐 벽시계의 초침 소리조차도 마음을 조이게 한다. 이런 악순환에서 벗어나려면 시간을 알려주는 모든 가전제품을 멀리 두거나 치워 두자. 요즘은 초침소리가 들리지 않는 벽시계도 많이 나온다. 시간을 신경 쓰다 보면 절대 열중해서 공부할 수 없다.

그렇다고 시간을 아예 무시할 수는 없지만 물리적인 시간에 집착하는 것은 학습에 아무런 도움이 되지 않는다. 오히려 방해만 될 뿐이다. 시간을 벌면서 집중력을 높이려면 시계를 무시하고 공부해야 한다.

중간 목표를 세워라

어떤 일을 하든지 그 일을 '막 시작했을 때와 끝나기 직전' 이 가장 능률적으로 일할 수 있는 시간이라고 한다.

축구 경기에 있어서도 경기 시작 5분과 마지막 휘슬이 울리기 직전 5분이 골을 넣기 가장 좋은 시간이라고 한다. 즉, 그때가 바로 집중력이 가장 최고점에 다다르는 시간이라는 뜻이다. 이것을 심리학에서는 '초반 노력, 후반 효과' 라고 한다.

이 말은 반대로 일의 중간 단계 즈음엔 집중력이 떨어지고 능률이 오르지 않는다는 뜻이기도 하다. 이럴 때 중간 목표를 세워 두면 집중력이 떨어지는 현상을 최대한 줄일 수 있다. 중간 목표를 세우는 방법은 마라톤 선수들이 많이 사용한다. 심리적으로 최종 목표가 너무 멀게 느껴지지 않도록 하는 데 큰 도움을 준다.

'단 하나의 목표밖에 없는 상황에서 최종 목표지점까지의 거리가 너무 멀다. 그래서 의욕이 나지를 않는다. 그러나 공부는 해야

만 한다.'

이런 마음이 든다면 전체의 과정 중간 중간에 설득력 있는 목표 즉, 중간 목표를 정해 두면 '초반 노력'과 '후반 효과'의 간격이 줄어드는 것과 마찬가지여서 공부에 집중력을 더해 준다.

만일 일 년간 입시를 목표로 공부를 한다면 한 달 마다의 작은 목표를 세워보는 것이다. 월별 계획을 세웠다면 한 달 공부할 분량을 다시 일주일이나 열흘 단위로 공부할 단원을 세분화하여 나누는 것도 좋다. 이렇게 매달 중간 목표를 향해 꾸준히 달려왔다면 이제 최종 도착지인 수능시험까지 계속적인 집중력을 발휘한 셈이다

TiP

자신감 100배 충전

중간 목표를 세울 때 주의할 점은 목표 간격을 하루, 이틀 정도로 너무 짧게 잡으면 안 된다는 것이다. 하루, 이틀로 중간 목표를 세우면 시간이 너무 빠듯해져 불안감이나 초조함이 생기고 집중력도 저하될 수 있기 때문이다.

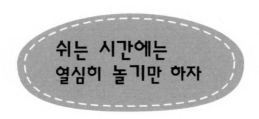

쉬는 시간에는 열심히 놀기만 하자

집중력을 총동원해 공부를 하고 나면 두뇌는 일종의 휴지(休止) 상태가 된다. 이때는 모든 두뇌 활동이 중단되기 때문에 새로운 에너지를 보충해 주어야 한다. 어떻게 무엇으로 보충할 것인가는 각자의 개성과 흥미에 맞게 결정하면 된다. 공부에 몰두하느라 지친 두뇌가 회복되기까지 공부와는 정반대인 각종 놀이를 하거나 아예 편한 자세로 쉬는 것이 좋다. 움직임이 큰 놀이를 하면 진폭이 커지고, 학습 속도에 같은 크기의 탄력을 실어주어 공부의 능률을 높여 준다. 쉴 때는 공부에 미련을 갖지 말자. 무식할 정도로 철저하게 에너지를 쏟아 놀이를 하는 것이 새로운 집중력을 솟아나게 하는 방법이 된다.

자신감 100배 충전

피로의 회복은 휴식 초기에 가장 효과가 크고 시간이 지날수록 점점 감퇴된다고 한다. 휴식 시간에도 하던 공부에 대한 아쉬움이 남아 집착하게 되면 피로회복의 가장 효과적인 시간을 빼앗기는 것이다. 그러므로 휴식 시간에는 짧은 시간이라도 모든 것을 잊고 충분히 머리를 식히도록 한다.

아무리 공부 중이라도
마음에 걸리는 일부터 해결한다

한참 공부를 하다 보면 갑자기 공부와는 상관 없는 일들이 떠오르기도 한다. 한문 숙제, 메일 체크, 서랍 정리 등 할 일에 대한 걱정을 떨쳐버리지 못하고 마음 한구석에 찜찜하게 남아 있는 경우가 있다. 이때 자신의 공부 계획과 상관 없는 일이라고 해서 그대로 방치해 두면 공부의 능률을 올리기 어렵다. 집중력을 떨어뜨리는 원인 중 하나가 크고 작은 걱정 때문이다. 눈앞에 놓인 일들에 마음이 쓰이는 것은 당연지사다. 그렇다면 그 일을 먼저 해결해 두는 것이 장기적으로 볼 때는 바람직한 행동이 되는 것이다.

어느 신경정신과 의사는 직접적인 처방보다 환자의 눈앞에 놓인 걱정거리를 먼저 처리하여 노이로제를 치료했다고 한다. 이 사례는 아무리 중요한 공부 중이라도, 눈앞에 보이는 일이 마음에 걸린다면 그것부터 해결하는 것이 정신건강에도 좋다는 사실을 말해준다.

원하는 대학교의
사진을 책상 앞에 붙여라

불안, 초조, 긴장 등 학습에 방해 받을 소지가 높은 마음을 지우는 것이 바로 '집중'을 위한 제1단계다. 그렇다면 제2단계는 보다 적극적인 자세로 목표를 향해 집중할 수 있는 자신만의 비법, 즉 노하우를 갖는 것이다. 그 비법은 평소 습관이 될 수도 있고, 특정한 소지품을 지니고 다니는 것이 될 수도 있다.

꼭 합격하고 싶은 대학의 전경사진을 커다랗게 확대해 책상 앞에 붙여 두는 것, 원하는 대학의 입시요강을 미리 사두어 매일 들여다 보며 목표를 확인하는 것, 혹은 네 잎 클로버 십자 목걸이 등 자신에게 행운을 가져다 주는 물건을 소지하는 것 등등 사람마다 방법은 다양하다.

한 때 자동차의 모델명에 들어간 영자 'S'를 떼어서 가지고 있으면 서울대에 합격한다는 설이 번져 자동차 중 'S'가 새겨진 몇몇 자

동차가 심하게 몸살을 앓던 적도 있었다. 그러나 물건은 그 자체의
의미보다 목표를 향해 전진하도록 마음을 집중시켜주고 정신을 가
다듬는 촉진제가 되어야 한다.

아무리 관심이 없던 공부도 목표가 뚜렷해지면 그 목표는 곧바로
집중력으로 연결된다. 반대로 아무리 의욕이 넘쳐도 공부의 목표가
무엇인지 확실하지 않다면 학습의 능률은 오르지 않는다. 목표에
집중하려면 먼저 구체적인 목표가 서 있어야 한다.

'나는 **대학에 들어갈 거야', '한의학 전공을 목표로 공부한다',
'다음 모의고사에서는 20점을 올린다' 는 등 목표는 가능한 구체적
이고 명확하게 잡는다. 그러면 꼭 합격하겠다는 의지가 한 차원 높
아지고 집중력도 커지게 된다.

우선 순위를 정하라

공부에 집중이 안 되고 잡념이 생긴다. 시간은 기다려 주지 않고 자꾸만 멀어져 간다. '영어 단어도 외워야 하고 수학 문제도 풀어야 하고 암기 과목도 아직 남아 있는 데…' 마음이 다급해지고 주의가 산만해지면서 집중력이 떨어진다면 어떻게 할까? 먼저 오늘 해야 할 범위를 죽 한 번 훑어 본다. 그리고 그중에서 가장 하고 싶은 마음이 드는 과목이나 단원을 결정한다. 그 다음엔 이것저것 생각하지 말고 눈앞에 있는 과목 한 가지에만 전념하도록 하자. 가장 먼저 할 마음이 든 과목인 만큼 속도도 붙을 것이다. 이번엔 그 가속도를 타고 다른 과목에 도전하자.

쉬운 길은 없다. 이것이 곧 합격으로 가는 바른 길이다. 초조는 집중을 방해하는 가장 큰 적이다. 초조하면 할수록 집중력이 약해지므로 일의 성과를 논하기 전에 먼저 자신의 마음을 가다듬고 자신감을 갖는 것이 중요하다.

감정을 발산하자

일이 생각대로 안 될 때, 감정을 발산하는 방법은 사람마다 다르다. 마음속에 찜찜하게 남아 있는 감정의 잔해는 집중력에 방해가 된다. 이런 감정은 마이너스 에너지이므로 어떻게든 감정을 육체적 에너지로 전환하여 발산하는 것이 좋다.

감정을 발산할 때 공격적 본능의 욕구불만이 해소되고, 행동으로 감정을 발산하면 일종의 카타르시스를 가져다 준다.

남학생의 경우 흠뻑 땀이 날 정도로 농구, 축구, 야구를 한다거나 죽도를 휘두르면 무엇 때문에 긴장하고 초조했었는지조차 잊어버려 다시 새로운 마음으로 공부에 임할 수 있게 된다.

과격한 운동을 좋아하지 않는 여학생의 경우는 줄넘기를 하거나 노래방에서 고래고래 소리를 지르며 노래를 부르거나 친구와 열심히 수다를 떠는 것도 스트레스를 푸는 방법이다.

수험생은 공부에 전념하다 보면 운동부족이 되기 쉽다. 몸을 많이 움직이는 감정발산법은 운동을 통한 체력 증진은 물론 집중력까지 높여주는 일석이조의 방법이다.

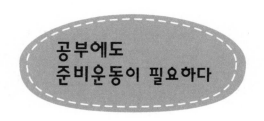

공부에도
준비운동이 필요하다

  운동을 하기 전에 준비운동을 하지 않으면 근육을 다치거나 수축된다. 준비운동 없이 과격한 운동을 하면 근육이 끊어지는 부상도 입게 된다.

공부할 때도 집중력이 생기지 않은 상태에서 무리하게 책만 붙잡고 있는 것이 능사가 아니다. 이럴 땐 잠시 책을 덮고 공부를 위한 간단한 워밍업을 해보자. 책상서랍을 정리한다거나 연필을 깎으면서 잠시 생각을 비워 두어도 좋다.

공부의 워밍업은 정신 에너지를 한 곳으로 모으기 위한 것이다. 자동차를 운전하려면 반드시 시동을 켜서 차가 움직일 준비를 해주는 것처럼 공부의 워밍업도 마찬가지 원리다.

오늘 해야 할 공부를 바로 시작하지 않고 단 1~2분이라도 워밍업을 해주면 집중하기가 훨씬 쉬워진다. 의욕은 있는데 자신도 모르게 마음이 잡히지 않을 때도 워밍업은 마음을 모아 주는 역할을

암시하는 법을 아는 것은 가르치는 큰 기술이다.
-아미엘

한다.

단, 주의해야 할 것은 그날 해야 할 공부와 비슷한 종류의 준비운동은 피한다. 국사공부를 해야 하는데 소설책을 읽거나 연예잡지를 보다가는 워밍업뿐 아니라 아예 그 책을 놓지 않을 수 있기 때문이다. 읽는 일을 하기 전에 다른 책을 읽음으로 만족감을 얻어 준비운동은 되었지만 공부에 대한 의욕을 상실할 수 있다.

손장난으로
긴장을 풀어라

어떤 일에 집중해 있어 긴장이 될 때는 다리를 떨거나 손을 꼼지락거리거나 등 자신의 습관이 나타난다. 몸의 말단부에 있는 긴장을 내보냄으로 해서 조금이라도 긴장을 완화시키려는 것은 사람의 본능이다.

입시를 앞두고 공부가 마음먹은 대로 되지 않아 긴장과 초조함이 찾아오면 평정을 찾기 위해 무의식적으로 표출되는 행동이 있다. 공부가 마음처럼 잘 되지 않으면 평소 긴장했을 때의 습관대로 몸을 움직이자. 긴장을 푸는 데 도움이 될 것이다. 다리를 떨거나 손으로 연필을 돌리거나 마음껏 장난을 쳐도 좋다. 혼자 공부하면서 창피할 것이 무엇인가. 손끝, 발끝에서 몸 전체로 긴장이 이완되어, 초조함 때문에 흐트러진 집중력을 회복시켜줄 것이다.

어려운 과목은
집중력이 생겼을 때 시작한다

이제 집중력이 생겼는가? 그렇다면 학습의 중요도에 초점을 맞추자. 집중력이 떨어졌을 때는 손대기 쉬운 것, 그리고 자신 있는 과목부터 했지만 이렇게 시작해서 집중력이 생기고, 학습의 리듬을 탔다면 이제 좀 더 어려운 과목, 재미없다고 느끼는 과목에 집중해 보자. 쉬운 과목에만 매달리다 보면 어려운 과목을 회피하게 되는 함정에 빠지게 된다.

쉬운 과목 위주로 공부하게 되면 집중력을 갖는 데는 성공하더라도 학습의 본질적인 부분은 해결하지 못한다. 실제로 입시에서는 평이하고 난이도가 낮은 문제보다는 각 과목의 중요한 요점을 수험생이 얼마나 잘 이해하고 있는가를 평가하는 문제가 많이 나오기 때문이다. 공부에 리듬을 타고, 집중력이 높아진 시점에서 중요도 높은 과목으로 자연스럽게 전환하자. 짧은 시간에 효과적인 학습능력을 갖게 된다.

입시 스트레스여, 가라!

 수험생의 고민 중 하나는 자신 없는 과목에 대한 걱정이다. 아직 완전히 정복하지 못한 과목을 쳐다보고 있으면 불안감이 생긴다.

'이러다가 성적 나쁘게 나오는 게 아닐까, 이 많은 걸 언제 다 하지? 엄두가 안 난다, 큰일이다!'

이런저런 생각에 빠지다 보면 신경이 예민해지고 더욱 불안과 초조가 몰려오게 된다. 이때 바로 마음을 잡아 공부에 전념한다면 좋겠지만 취약 과목을 공부할 때마다 싹트는 불안감은 쉽게 사라지지 않는다. 마음이 약하거나 성격이 완벽한 사람이라면 더욱 그런 경향이 강할 것이다. 그러나 비관하고 있다고 해서 해결되는 것은 아무것도 없다. 오히려 공부를 방해하고 능률을 떨어뜨리기만 한다.

그러므로 마음을 다부지게 먹고 스스로 '나는 할 수 있다'는 자기 암시를 주자. 다른 생각은 접어 두고 지금 당장 해야 할 공부에 전

안으로 훌륭한 부형이 없고, 밖으로 엄한 사우가 없이 능히 성취한 사람은 드물다. -여희철 '명심보감 훈자편'

심전력을 쏟아야 한다. 일단 당면한 과목에 충실한 학생이라면 취약 과목이 있다 하더라도 꾸준히 성적을 올릴 수 있지만 걱정거리 때문에 점점 공부에 소홀해진다면 취약 과목 때문이 아니라 초조한 마음 때문에 능률이 떨어져 현재의 성적도 관리하기 힘들어질 수 있다.

'무엇이든 마음먹기에 달렸다' 는 말은 과학적으로도 충분히 설득력이 있다. 칭찬을 들으면 자신의 능력 이상으로 발휘할 수 있게 되며, '나는 할 수 있다' 고 스스로 자기 암시를 하고 나서 마음을 가다듬고 공부에 임하면 전보다 훨씬 능률이 오르는 것을 느끼게 된다.

그러므로 눈앞의 사소한 일에 흔들리거나 동요하지 말자. 산꼭대기에 올라가 아래를 내려다 보면 사람은 말할 것도 없고, 빌딩과 아파트, 자동차… 모든 것이 손금보다도 작아 보인다. 사실 지금 걱정하고 있는 일도 '우리 일생을 놓고 보면 아무 것도 아니다' 라는 마음으로 어깨에 짊어지고 있던 무거운 고민 초조 불안은 당장 미련 없이 걷어내 버리자. 좋은 것만 생각하고 긍정적으로 생각하면 머

릿속에서 알파파가 쏟아져 나와 집중력을 더해주고, 입시 스트레스
도 말끔히 청소해 줄 것이다.

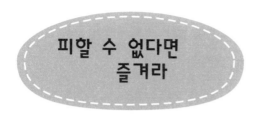

피할 수 없다면
즐겨라

프로와 아마추어의 차이는 무엇일까?

유명한 프로 골프 선수는 이런 질문에 '프로 선수는 긴장할 때 좋은 샷이 나오지만 아마추어는 긴장하면 실수를 하게 된다'고 대답했다.

시합에서 긴장했을 때 몸이 굳어지는 것은 프로든 아마추어든 마찬가지다. 그러나 아마추어 선수는 그 긴장감 때문에 어깨가 뻣뻣해지고 손이 불안정해지지만 프로 선수는 긴장을 했을 때에도 집중력이 떨어지지 않는다. 오히려 긴장을 이용해 더 좋은 기술을 발휘하는 기회로 전환시킨다.

집중력을 높이기 위해 어느 정도의 긴장은 필요하다. 그러므로 억지로 긴장을 풀려고 애쓸 필요는 없다. 긴장을 피하지 말고 오히려 긴장을 활용해 보자.

집중을 돕는 도우미 역할을 해줄 것이다. 흥분을 가라앉히고 '긴장해도 된다. 긴장하는 것이 오히려 낫다' 고 되뇌이면 좋은 결과를 얻을 수 있다. 피할 수 없다면 즐겨라.

책상
정리를 하자

책상 위가 지저분하고 정리정돈되어 있지 않으면 공부할 때 책이나 참고서를 찾을 때 한참을 뒤적거려야 하고, 공부를 할 때도 지저분한 책상이 눈에 거슬려 집중하기 힘들게 된다. 집중이 안 된다면 이렇게 지저분한 책상을 큰맘 먹고 정리정돈해 본다. 기분전환은 물론이고 공부에 집중할 수 있는 길이 열린다. 그러나 집중이 잘되고 있다면 아무리 책상이 지저분하더라도 흐름을 깨지 말아야 한다. 이럴 때 다른 행동으로 흐름을 깰 수 있기 때문이다. 같은 과목을 공부하더라도 오늘 공부한 시간과 어제, 그제 걸린 시간이 다를 수 있다. 어제는 비교적 쉽게 진도를 나갈 수 있었는데 오늘은 왠지 힘들다거나 진도가 나가지 않는다면 분위기 전환과 집중력 향상을 위해 내 주변을 정리해 볼 필요가 있다. 무엇보다 중요한 것은 공부할 때의 전체적인 분위기이다. 짧은 워밍업으로 빨리 집중력을 발휘하기 위한 방법말이다.

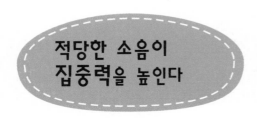

적당한 소음이 집중력을 높인다

공부에 열중하기 위해서 잡음이 전혀 없는 곳에서 공부 해야 한다는 생각은 바람직하지 않다. 물론 일반적으로 소리는 집중을 방해하는 것이 사실이다. 하지만 완벽에 가까울 정도로 방음된 공간에서 공부를 하는 것이 어느 정도 잡음 이 있는 상태에서 공부하는 것보다 오히려 집중이 잘 안 된다.

방음시설이 잘된 방 안에 있는 사람의 심리 상태는 과연 어떨까? 한 청각실험 참여자들은 공통적으로 '자기가 내뱉는 숨소리와 심장 뛰는 소리까지도 감지할 수 있고, 귓속이 찡한 것이 아픈 것처럼 느 껴진다'고 대답했다.

어떤 일에 집중할 때는 스스로 마음의 벽을 쌓아 외부와의 단절상 태를 만들게 된다. 이는 집중을 방해하는 여러 가지 소음으로부터 자신을 보호하고 차단하기 위해서다. 어느 정도의 소음이 있는 상 태에서는 이렇게 자신을 지키기 위한 집중 상태가 된다. 그러나 완

학문은 잠시도 쉬어서는 안 된다. 푸른 색깔은 쪽에서 나오지만 쪽보다 더 푸르고, 얼음은 물이 만들지만 물보다 더 차다. -순자

벽한 방음 상태에서는 스스로 자신을 보호할 필요가 없어지기 때문에 오히려 마음을 모으고 집중하기가 쉽지 않다. 외부 자극뿐 아니라 심리적으로도 혼자 동떨어져 있다는 괴리감이 마음을 약하게 만들 수 있다.

오히려 지하철 등에서 집중이 잘 되는 이유도 외부의 자극과 소리를 차단하기 위해 방어벽을 만들기 때문이다. 이런 소음은 적당히 귀를 자극하는 자극제가 되어 준다.

소음은 이제 애물단지가 아니다. 잘만 이용하면 약이 될 수도 있다. 그래도 신경이 쓰인다면 귀마개를 하거나, 기분 좋은 음악을 틀어서 소음을 분산시키는 방법도 활용할 수 있다. 음악을 들으면 소음이 잘 들리지 않는 '은폐효과(隱蔽效果 masking effect)', 그리고 긴장을 풀어 주는 심리학적 효과도 있어 일거양득이다.

우정과
입시 사이

학교 생활에 있어 교우관계는 무엇보다 소중하다. 특히 힘든 입시 기간 중에 서로 위로 받고, 격려도 해주면서 우정도 커가고, 든든한 의지가 되기도 한다. 이렇게 귀한 친구 관계라 해도 때로는 마음에 잡념이 생기는 원인을 제공하기도 한다.

친구와 오해가 생겼다거나 공부에 한참 집중했을 때 불러낸다거나 하면 마음에 갈등이 시작된다. 그리고 갈등이 생기는 순간부터 집중력은 조금씩 무너지게 되는 것이다.

또 나에게 직접 말을 거는 사람이 없다고 하더라도 마음속 안테나가 주변 사람들의 말이나 행동을 감지하고 있다면 책을 읽어도 눈으로만 볼 뿐, 머릿속에 담아지지 않는다. 지금 꼭 해야 할 일이 아니라면 공부에 집중하는 시간만큼은 조금 미뤄둔다는 마음가짐이 필요하다.

사람은 집에 있을 때 그의 행복에 가장 가까워지고, 밖으로 나가면 그
의 행복에서 가장 멀어지는 법이다. -J.G.홀런드

예를 들어, 친구에게서 영화를 보러가자는 전화가 온다거나, 집에 오는 길에 PC방에서 딱 한 시간만 게임하자는 친구의 제의가 있다 해도 오늘의 스케줄에 차질이 생기는 제안이라면 흔들리지 말고 '다음에 가자' 고 말할 수 있는 단호함이 때로는 필요하다. '이렇게 말하면 친구가 섭섭해 하지 않을까, 기분 나빠하지 않을까' 하여 다른 사람의 반응에 너무 연연해 한다면 한 가지 일에 집중하기 힘들어진다. 그렇다고 친구와의 교제 시간을 없애라는 말은 아니다. 이런 기회가 잦아지면 모든 공부 스케줄이 흐트러질 수 있기 때문이다. 혹시 휴대전화를 가지고 있는 학생이라면 공부에 전념할 땐 어느 광고 카피처럼 휴대폰을 잠시 꺼두어도 좋겠다.

반대심리를 이용한다

수험생이라면 공부보다 더 힘들고 괴로운 일은 없다고 느낄 때가 한두 번이 아닐 것이다. 사람은 누구나 슬럼프에 빠지기도 한다. 이때는 도무지 집중할 수가 없다. 공부가 어렵고 고통이라고 느껴지는 순간 전보다 더 공부하는 속도도 능률도 떨어진다.

이것을 극복하려면 실제로 즐거운 기분이 들 만한 장소를 찾아보자. 편안한 마음으로 산책을 하면서 주변 경치를 감상하고, 공부에 대한 긍정적인 이미지를 그려 보자. 책상 앞에 앉아 공부에 집중하는 자신의 모습이 얼마나 자랑스러운지, 심리적으로 얼마나 큰 만족감을 주는지, 그 결과는 또 얼마나 행복할지를 상상해 보는 것이다.

친구와 운동장에서 몸을 움직이면서 운동을 하는 것도 쌓였던 불만과 우울함을 떨쳐낼 수 있는 길이다. 몸과 마음이 충분히 즐거워

젊을 때에 배움을 소홀히 하는 자는 과거를 상실하고 미래도 없다.
-에우리피데스

졌을 때 공부하는 자신의 긍정적인 모습을 떠올리면 금새 자신감을
회복할 수 있다.

공부할 땐 즐겁게 노는 것이 못 견디게 그립지만 놀기를 실컷하고
나면 공부하고자 하는 마음이 간절해진다. 그러므로 열심히 놀고
나서, 공부에 대한 좋은 이미지가 충만해졌을 때가 공부하기 가장
좋은 시간이 된다. 슬럼프에 빠져 마음에 그늘이 지고 불안, 초조한
마음이 격해졌을 때는 원 없이 실컷 놀아 보자. 곧 책상 앞에서 열
심히 공부하고 있는 자신의 모습이 그리울 것이다.

때로는 제삼자가 되자

학교에서 본 시험 결과가 나쁘게 나왔을 때, 제일 먼저 어떤 생각이 드는가? '이 부분이 부족했구나! 이것은 더 보강해야겠다'는 생각보다 '부모님이 아시면 뭐라고 할까, 엄청 혼나겠다' 등등 부정적인 생각은 초조와 불안감을 유발해 다른 공부에 지장을 줄 수 있다. 이럴 때는 한 걸음 뒤로 물러서서 그 상황을 제삼자의 위치에서 생각하는 습관을 기르자. 이 훈련을 꾸준히 하면 어떤 어렵고 힘든 일이 생겨도 초조해 하지 않고 이성적으로 상황을 파악하여 침착하게 대처할 수 있다. 결과에 집착해서 마음이 흔들리고 실망하며 의욕이 상실되지 않도록 자신을 관리할 필요가 있다.

시험 결과를 포함해 모든 것이 자신의 책임이라고 생각한다면, 부담감이 생겨 다음 공부에 지장을 주고 결과적으로는 효율적으로 공부하지 못하게 된다. 그러나 제삼자적 입장에 서면 사사로운 압

박에서 해방되고, 가벼운 마음으로 공부에 집중할 수 있어 전보다
더 좋은 결과를 얻을 수 있다.

제5장

집중력을
봉쇄하는 퇴치법

사람은 복잡미묘한 동물이다. 한 가지 일을 할 땐 그곳에만 집중하면 좋으련
만, 잠시 잠깐만 마음을 놓으면 여러 가지 잡념과 온갖 상상력이 총동원된다.
수험생에게 있어 잡념은 바로 사치다. 이 장에서는 잡념을 없애고 공부에 집중
할 수 있는 효과적인 방법을 소개한다.

공부는 마라톤이다

농구, 축구, 배구와 같은 구기종목은 여러 선수들이 힘을 모아야 경기를 잘 이끌 수 있지만 마라톤은 처음부터 끝까지 철저하게 혼자서 감당해야 한다. 도무지 누구의 도움도 받을 수 없다. 오로지 자신만을 믿고 뛰어야 한다. 철저하게 고독한 자신과의 싸움이다. 이때 누군가의 도움을 받고 싶다고 느껴지면 이미 집중력이 사라지고 있다는 증거다. 집중력은 의존심을 버리고 자기 자신과 정면으로 맞닥뜨릴 때 솟아나는 에너지원이다.

공부할 때도 마찬가지다. 선생님이나 가족, 친구가 도와 주기를 기대한다면 집중력도 약해지고, 공부도 잘 안 된다. 공부가 잘 안 되면 원하는 대학에 합격하는 것과도 거리가 점점 멀어져가게 된다. 힘이 들 땐 지금의 상황으로부터 벗어나고 싶다는 생각도 든다. 그러나 현실도피는 궁여지책밖에 되지 않는다. 도피는 곧 포기를 말하기 때문이다.

사람은 일하기 위해서 창조되었다. 명상하고 느끼며 꿈꾸기 위해서
만은 아니다. -칼라일

사람은 누구나 나 말고는 의지할 사람이 없다는 것을 깨닫게 되는
순간 놀라운 힘과 집중력을 발휘한다. 반대로 다른 사람에게 의존
하려고 할 때는 최선을 다하지 못하게 되고 그러다 보면 불안감과
초조함도 커질 수 있다.

특히 공부가 원하는 만큼 척척 진행되지 않을 때 마음이 약해지면
서 남에게 의지하는 마음이 생기게 된다.

집중력을 키우는 자기 암시

공부를 시작할 때 항상 일정한 행동을 반복하는 것은 집중을 위한 준비운동이 될 수 있다. 책상을 깨끗하게 치운다거나, 샤워를 한다거나, 차를 한 잔 마신다거나, 명상법으로 심호흡을 한다거나 어떤 것이든 상관없다. 단지 노는 시간과 공부할 시간을 구분해 주는 행동을 함으로써 '이제 공부할 시간'이라는 것을 스스로 인지하게 만드는 것이다.

검도는 시작하기 전에 1분 동안 앉아서 명상을 한 뒤에 연습을 한다고 한다. 붓글씨를 쓰기 전에도 스스로 먹을 갈면서 마음을 가다듬게 하는데 이 모두가 어떠한 일을 시작하기 전에 집중력을 높여주는 일종의 자기 암시다.

공부를 시작하기 전 어떤 것이 자신에게 맞는 자기 암시일지 생각해보자. 어렵게 생각하지 말고 '공부하기 전 한 번씩 하는 일' 정도면 된다. 어떤 의식으로 공부를 시작할지 결정하기 위해서는 '전에

굴러가는 돌에는 이끼가 끼지 않는다.
-헤이우드

이것을 하고 공부를 했더니 더 잘 되더라' 했던 기억을 더듬어 보도
록 한다. 예를 들어 '며칠 전에 팔굽혀펴기를 조금하고 공부를 했더
니 집중이 더 잘 되었다' 면 팔굽혀펴기를 공부하기 전에 하는 자기
암시로 정할 수 있다. 그러나 그것은 각 개인마다 다르게 적용되므
로 자신에게 맞는 습관을 찾아야 한다. 이 방법은 공부 도중 찾아오
는 따분함과 싫증을 없애주고 집중력을 키워 준다. 즉 자기 암시의
효과를 얻는 것이다.

본전을 뽑아라

사람의 심리란 참 희한하다. 정당한 값을 지불하고 공연이나 강연에 참석하면 어떻게든지 집중해서 보고 들으려 하지만 무료 강연이나 행사에 참석했을 때는 대부분 집중력이 떨어지거나 따분해 하기도 한다.

이런 '본전심리'를 이용해 학습에 적용해 보자. 집에서는 긴장이 풀려 시간에 비해 능률이 오르지 않는다면 가방을 챙겨 매고 나와라. 그리고 돈을 내고 들어가야 하는 사설 독서실에 가는 것이다. 내고 들어간 돈이 아까워서라도 얼마 동안은 딴 생각하지 않고 공부할 수 있게 된다. 정말 도저히 공부가 안 될 때 집중을 위한 촉진제 정도로 가끔 활용해 볼 수 있는 방법이다.

짧은 시간 집중법

학교 교실 의자는 왜 궁둥이가 배길 정도로 딱딱할까? 여기에는 이유가 있다. 딱딱한 의자에 앉아 자세를 바로 하면 등이 펴진다. 등이 펴지면 근육이 긴장되어 대뇌를 자극한다. 그러면 두뇌가 보다 활발해져 학습의 능률을 올릴 수 있는 것이다.

시험 직전, 빠른 시간에 암기를 해야 할 때 집 안에서 가장 딱딱한 의자를 가져다가 등을 곧게 하고 공부해 보자. 푹신한 의자에 앉아 편안한 자세로 공부할 때보다 짧은 시간에 많은 양을 암기할 수 있게 된다.

마음을 비우자

우리는 항상 여러 가지 생각을 하면서 산다. 이런저런 상상, 연상, 이미지, 잡념 등이 계속적으로 떠올라 사라지지 않는다. 공부를 할 때도 예외는 아니다. 꼭 해야 하는데 집중은 안 되고 머리가 멍해서 책에 있는 글자는 들어오지 않는다. 마음 먹고 책상에 앉아 공부를 시작했지만 30분도 안 되어서 딴 생각이 떠오르고 정신이 산만해져 집중이 안 된다.

그럴 때는 더 이상 미련을 갖지 말고 과감하게 책상에서 일어서자. '집중해야 한다', '공부해야 한다' 하고 지나치게 스스로를 압박하면 자신이 주는 압박에 견디지 못해 쓰러지게 되기 때문이다.

야구 선수가 지나치게 스트라이크에 집착하면 오히려 어깨에 힘이 들어가고 집중력이 떨어진다고 한다.

공부에 있어서도 무리해서 집중하려 할수록 마음이 흐트러지기 쉽다. 공부를 시작하기 전에 항상 '만일 집중이 안 되면 언제든지

수면은 노동하지 않아도 신이 우리들에게 주신 유일한 선물이다. 그
러나 노동한다면 그것은 두 배나 달콤하게 된다. -웨벨

일어나자' 는 다짐을 하면 오히려 집중력이 커진다.

TiP

자 신 감   1 0 0 배   충 전

잡념이 떠오를 땐 머릿속에 떠오르는 이미지를 종
이에 메모해 보자. 메모한 것을 읽어 보면, 어떤 일
에 마음을 뺏기고 있는지, 나의 잡념은 어떤 패턴
을 띠고 있는지 등을 알 수 있게 된다. 파악이 되었
다면 어떻게 해야 잡념이 제거될지, 어떻게 집중해
야 할지를 알게 된다.

나는 망각한다, 고로 집중한다

'망각', 즉 잘 잊어버리는 습관은 생활에 있어 치명적인 단점이라고 생각하기 쉽다. 그러나 사람의 두뇌 구조상 망각이라는 것은 꼭 있어야 한다. 지나간 일을 하나씩 잊지 않고는 새로운 지식이 들어올 자리가 없기 때문이다.

그래서 '건망증이 심한 사람은 그만큼 새로운 정보와 지식을 두뇌가 받아들이고 있다는 증거'라고 말하기도 한다.

'지나간 실수를 잊지 못해 계속 얽매여 있느냐', '그 실수를 깨끗이 지워버리고 같은 실수를 반복하지 않도록 새롭게 출발하느냐' 이것은 철저히 자신의 몫이다.

공부에 있어서도 망각은 중요한 역할을 한다.

책상 위에 국사책을 두고서, 한 시간 전에 풀다만 수학 문제에 미련을 버리지 못하면 국사 공부를 위한 집중력은 방해를 받게 된다. 일단 국사 공부를 위해서는 수학을 완전히 잊어버려야 한다. 이것

결코 후회하지 말며 남을 비난하지 말지어다. 이것이 지혜의 첫걸음
이다. -디드로

을 방지하기 위해 한 과목이 끝난 뒤에 잠깐이라도 휴식시간을 갖
는다.

　음악을 한 곡 듣거나 재미있게 웃을 수 있는 만화를 잠시 보는 것
도 지난 과목을 잊고 새로운 공부에 집중하는 데 좋은 양념이 된다.

등산의 지혜를 배워라

등산을 하다 보면 어느 순간 '더 이상 못 올라간다' 고 느껴질 때가 있다. 다리에는 힘이 풀리고, 숨은 차고 , 목이 바짝바짝 말라오면 '여기서 그만 둘까' 하는 생각이 저절로 든다. 이런 마음이 들면 잠시 멈춰서 지금까지 올라왔던 산길 아래를 내려다 본다. '내가 언제 이만큼 올라왔지' 할 정도로 높이 올라와 있는 자신을 발견하게 된다. 갑자기 가슴이 뿌듯해져 온다. 그리고 다시 정상을 바라본다. 산꼭대기가 눈앞에 보이면 '조금만 가면 곧 도착하겠구나' 싶어 다시 한 번 마음을 추스르게 된다. 이렇게 잠깐 휴식을 취하는 사이에 새로운 힘이 솟아나면서 걸음을 옮기게 된다.

이러한 등산의 지혜를 공부에 적용해 보자. 간혹 산길에서는 정상이 보이지 않을 때도 있다. 그렇지만 공부는 전체의 분량에서 지금까지 달성한 부분을 빼면 남은 분량이 눈앞에 보인다. 최종 목표

세상에서 제일 즐겁고 훌륭한 일은 한 생애를 통해 일관된 일을 가지
는 것이다. -올리버 골드스미스

를 재확인하면 '언제 이만큼 공부했지, 앞으로 조금만 더 분발하면
되겠다' 하는 마음이 생기면서 자신감이 생긴다.

'언제까지 해야 하나', '이제 너무 힘들다!' 는 생각이 들면 자신
의 상황을 객관적으로 판단하지 못해 공부를 중단하는 것이 두려워
진다. 이럴 때일수록 과감하게 책을 놓고 머리를 식히면서 잠시 뒤
를 돌아다 보고, 최종 목표점을 확인해 보도록 하자.

주변의 소리에
내성이 생기려면

어느 통신사 광고에서 한 여자가 우아한 자세로 두 시간째 스파게티를 즐기며 먹고 있는 장면이 나온다. 알고 보니 먹는 손 외의 다른 한 손으로는 열심히 컴퓨터 자판을 두드리고 있었던 것이다. 한 손으로는 누구보다 여유 있는 식사를, 한 손으로는 누구보다 빠르게 자신의 일을 하는 모습이다.

수험생 중에는 위의 광고 속 여인처럼 공부를 하면서 한 편으로 다른 무엇인가를 동시에 하는 학생들도 있다. 음악을 들으면서 공부하는 학생도 많은데 잘못하면 음악에 마음을 뺏겨 공부에 방해를 받을 수도 있지만, 오히려 그 반대로 음악 때문에 공부에 더욱 집중하게 되기도 한다. 음악에 정신을 뺏기지 않으려고 자신도 모르게 더욱 공부에만 의식을 집중하기 때문이다.

이런 심리적인 법칙으로 평소에 훈련을 해놓으면 사람이 많이 모여 시끌벅적한 곳에서 공부할 때도 침착하게 공부에 집중할 수 있

행복을 즐겨야 할 시간은 지금이다. 행복을 즐겨야 할 장소는 여기다.
-로버트 인젠

는 내성(耐性)이 생긴다.

공부 도중에는 어떤 음악이 좋을까? 아무래도 비트 있는 댄스곡보다는 클래식 음악처럼 조용하고 템포가 느린 곡을 듣는 것이 좋다. 클래식은 곡의 변화가 적고 템포도 일정해 사고의 패턴과 적절하게 조화되어 공부의 능률을 올려 주기 때문이다. 반대로 빠른 리듬의 음악은 능률을 떨어뜨린다. 클래식은 독해력에 전혀 방해를 받지 않지만 대중음악은 암기하는 문장을 이해하는 데 장애를 주기 때문이다.

소리내서 읽어라

　　초등학교를 다닐 때는 유난히 일어서서 큰 소리로 책을 읽어보라는 선생님의 주문이 많았다. 소리를 내어 읽으면 산만함도 없애고 집중력도 높여 주기 때문이다. 더 거슬러 올라가 서당에서도 글을 가르칠 때 소리를 내어 책을 읽고 외우게 했다. 귀로 듣는 것도 암기가 가능하고 기억력이 명확해진다.

　　집중력이 산만해질 때 초등학생으로 돌아가 소리를 내어 책을 읽어 보자. 소리를 내면 두뇌가 자극을 받고 집중력이 회복된다. 공부를 하다 보면 아무리 집중력이 좋은 학생이라도 잡념에 빠질 수 있다. 이럴 때 소리를 내서 책을 읽어 보자. 특히 영어공부에 있어서 소리내어 읽는 것은 듣기 만큼이나 중요하다.

운동으로 집중력을 높인다

　운동을 잘하는 학생은 공부에 약할 것이라는 편견을 버려야 한다. 운동은 절대 공부의 방해물이나 적이 아니다. 운동을 통해 닦은 집중력을 공부에 적용하면 성적도 올릴 수 있다. 운동은 성격도 변화시켜 준다. 비행청소년을 선도하기 위한 방편으로 스포츠를 활용하는 경우도 있다고 한다.

　스포츠는 체력은 물론 스트레스 해소와 기분전환 등 파워풀한 에너지가 숨어 있다. 어떤 운동이든 일정한 규칙과 법칙이 있다. 목적과 목표가 추상적이지 않고 구체적이다. 그래서 정신집중이 쉽고 흐트러진 마음도 가다듬을 수 있다. 운동으로 집중력을 끌어올린 뒤에 공부를 시작하자. 줄기차게 책상 앞에 부동자세로 앉아 있던 학생보다 훨씬 높은 집중력을 발휘할 수 있고, 단기간에 확실한 성과를 올리게 된다.

동갑내기 과외하기

A에게는 B라는 친구가 있다. B는 드라마를 무척 좋아하는 친구다. 어느 날 B에게서 A에게로 전화가 왔다.

"내가 가장 좋아하는 드라마 오늘 방송이 가장 하이라이트인데 일이 생겨서 못 보게 됐어. 네가 대신 보고 그대로 이야기해 줘."

이런 부탁을 받는다면 A는 자신이 좋아하지 않는 드라마라 할지라도 상세하게 설명해 주기 위해선 전보다 더 집중해서 드라마를 보게 된다. 그래서 B에게 이야기해 줄 때는 등장인물의 감정 묘사까지 섞어가면서 중요한 대사는 직접 주인공이 대사를 하듯 실감나게 얘기해 준다.

공부를 하다 지루해질 때는 A가 B에게 한 것처럼 '이 부분을 잘 암기해서 친구에게 설명해 주겠다' 는 마음으로 집중해 보자. 어떤 부분에서 어떤 사건이 일어났는지, 사건에 해당하는 인물은 이런

벌들은 합동하지 않고는 아무것도 얻지 못한다. 사람도 마찬가지다.
-허버트

심정이었으리라는 심정적인 부분까지 알려 주겠다고 생각하며 공부하자.

　내가 마치 과외선생님이 된 것처럼 '이 부분을 공부할 때 어떤 면을 가장 조심해라', '여기는 시험에 나올 확률이 높다' 스스로 가르치는 사람이 된 것처럼 공부를 하면 평소보다 재미있고 신나게 공부를 할 수 있다. 공부한 내용이 머릿속에 쏙쏙 들어오는 것은 물론이다.

공부하기 전에는 책상을 멀리 해라

정해 놓은 공부 시간 이전에는 방에 들어가지 말자. 공부는 하지 않으면서 책상에 앉아 있거나, 방 안에서 공부에 대한 압박을 받는 것보다 공부 시작 전까지 에너지를 축적해 놓는 것이 좋다.

육상 선수들은 출발 전까지 트랙 멀리에서 몸을 쉬게 하면서 에너지를 축적해 두면서 출발신호를 의식하지 않으려고 노력한다. 그러나 출발신호가 울리면 누구보다 빨리 달리기 위해 힘찬 출발을 한다.

이것을 수험생의 공부 방법으로 도입할 수 있다. 휴식 시간에는 공부방에서 멀리 있으면서 에너지를 비축해 둔다. 그러다 공부 시간이 되어 '지금부터 공부 시작'을 외치며 모아 두었던 에너지를 발산한다면 탄력이 붙어 시작부터 집중력을 높일 수 있다.

잡념이 세 번 이상 생기면 책을 덮자

공부를 하다가 나도 모르게 딴 생각을 하고 있는 모습을 발견할 때가 가끔 있다. '정신 차리자' 하면서 다시 집중을 해보지만 얼마 안 가서 또다시 잡념에 사로잡힌다. 이것이 두 번, 세 번 반복된다면 잠시 공부를 중단하고 다른 과목으로 바꾸어보자. 아니면 잠깐 휴식 시간을 갖는 것도 좋다.

집중력이 부족할 때는 무리해서 공부한다고 해도 결코 자기 것으로 만들 수 없다. 한 과목을 공부하다 잡념이 세 번 이상 생기면, 바로 과목을 바꾸어 공부하거나 과감히 휴식 시간을 갖자.

너무 밝아도 집중이 안 된다

조명의 밝기도 집중력과 상관관계가 있다. 개인차는 조금씩 있겠지만 일반적으로 너무 밝거나 어두워도 집중력을 높일 수 없다. 너무 밝은 조명은 대낮의 태양광선과 마찬가지로 주의력을 확산시켜 한 가지 일에 집중할 수가 없다. 햇빛이 쨍쨍 내리쬐 눈이 부실 정도로 밝을 때는 빛이 강해 쉽게 눈이 피로해지고, 모든 사물이 또렷하게 보여 주의가 산만해지기도 한다. 그래서 평소 산만한 학생의 책상은 햇빛이 직접 들어오는 창가를 피할 것을 권한다.

TIP

자신감 100배 충전

보통 책을 읽기 좋은 조명은 40~300룩스. 조명의 밝기나 그 효과가 5-10%만 증가해도 사람이 작업하는데는 25% 이상의 효율이 떨어진다고 한다. 흰색의 벽지는 동공을 축소시켜 시각을 방해하고 주의력을 분산시킬 수 있다. 이럴 땐 부분 조명을 필요한 부분만 비추고 공부하는 것이 좋다.

익숙함에 길들여지지 말아라

주말, 즉 비교적 개인적인 공부 시간이 많을 때는 평소 공부 양이 적은 과목이나 취약과목을 하루 종일 집중 공략하는 경우가 많다. 그렇지만 하루 종일 한 과목만을 공부하는 것은 절대 좋은 방법이 아니다.

한 가지 일을 계속 같은 방법으로 반복하는 것은 쉽게 싫증나기 마련이다. 단순한 작업이 아니더라도 어떤 일이든 반복이라는 패턴은 의욕상실이나 싫증이라는 결과를 가져다 준다.

반복이 계속되면 익숙함이 따라온다. 공부가 아무리 잘 되더라도 변화가 없다면 정신적 긴장이 약해진다.

단순하든 복잡하든 간에 공부 중에 과목을 바꿔 준다거나 공부 유형에 변화를 주어 싫증내지 않고 집중할 수 있도록 하자.

공부 도중에 패턴을 바꾸면 능률이 떨어지는 것 아닌가 싶겠지만 새로운 접근이 긴장감을 주고 긴장감은 집중력으로 연결되므로 걱

정할 필요가 없다. 익숙함이 계속되어 집중력을 잃었다고 생각되면
약간의 변화를 주도록 하자.

어려운 과목, 쉽게 다가서기

어떤 음악가는 연주 연습을 할 때 처음부터 차례로 연습하지 않고 가장 쉬운 소절부터 골라 하루에 한 소절씩 연습했다고 한다. 제일 마지막 소절이 가장 쉬운 부분이라고 하면 그 부분을 맨 처음 연습하고 다음 날도 순서와 상관없이 그 다음으로 쉬운 소절을 찾아 또 그 부분만 연습했다. 이렇게 하루 한 소절씩 연습하여 마침내 곡 하나를 완전히 마스터했다는 것이다. 처음 악보를 봤을 때 어렵게 느껴졌던 곡도 이 방법으로 쉬운 부분부터 연습을 시작한다면 결국엔 완벽한 연주를 해내게 되는 것이다.

사람은 무엇이든 끝까지 해내겠다는 의지보다 어떻게든지 포기할 구실을 찾는 경향이 더 강하다. 그래서 어렵다고 판단되는 대상에는 무조건 부담부터 느끼게 된다. 위의 음악가는 이런 내면심리를 역이용하여 처음부터 성공의 맛을 느끼게 한 것이다. 이 방법은 연주곡뿐 아니라 평소 자신의 도전 분야에 적용할 수 있다. 특히 수험생이라면 어렵게 느끼는 과목을 공부할 때 활용해 보자.

먼저 공부할 분량의 전체 내용을 5분이나 10분 단위의 분량으로 나눈다. 그리고 그 가운데 가장 쉬운 부분, 또는 흥미를 느끼는 부분부터 공부하는 것이다. 이렇게 시작을 순조롭게 풀어 가면 다음 부분에서도 집중력이 이어져 결국 마지막 단원까지 보다 효과적으로 정복해 나갈 수 있다.

공부도 가장 쉬운 부분부터 찾아 공부하기 시작하면 마지막 부분이 남기까지 쉽다고 생각하며 공부할 수 있다. 그러니 처음부터 전체를 한꺼번에 마스터하려고 한다거나 모르는 부분은 이해할 때까지 다른 부분으로 넘어가지 않는다는 마음을 가지면 오히려 고통만 찾아온다. 그러므로 공부 범위를 세분화하는 것이 중요하다.

겉모습만 보아서는 호감이 안 가는 사람도 한 가지 한 가지 알아갈수록 정말 멋있는 사람이라고 느껴질 때가 있듯이, 공부도 전체적으로 볼 땐 흥미를 못 느껴도 조금씩 따로 떼어서 보면 생각 외로 재미나고 흥미있다는 것을 알게 될 것이다.

천하의 모든 물건 중에는 내 몸보다 더 소중한 것이 없다. 그런데 이
몸은 부모가 주신 것이다. -이이

TiP

자신감 100배 충전

흥미없는 과목을 공부할 때 '이 단원만 제대
로 끝내면 내가 좋아하는 게임 한 판을 한다',
'이 과목을 마치면 20분간 간식을 먹는다' 등
공부의 대가로 구체적인 보상을 정해 보자. 보
상은 구체적이고, 실현 가능성이 높을수록 집
중력도 높아지기 때문이다.

먼저 자신 있는 과목의 성적을 올려라

집중력은 우두커니 앉아 있다고 발휘되지 않는다. 어떤 일이든 시작을 해야만 생기게 된다. 처음 시작하기가 어렵지, 일단 시작하고 나면 그 다음부터는 뭐든 훨씬 수월해지는 법이다. 그래서 '시작이 반'이라는 것이다.

공부할 기분이 나지 않을 때는 책상 앞에 앉아 있지 말고 뭔가 자신이 하고 싶은 일을 해보자. 취미에 열중하여 철저히 빠져보는 것도 좋다. 게임이든 운동이든 전혀 맘이 잡히지 않을 때는 한 시간이라도 화끈하게 그 일에만 파묻혀 보자.

그렇게 스트레스를 풀고 나면 생각 이상으로 즐겁게 공부에 집중할 수 있다. 자신이 좋아하는 일을 하고 난 뒤여서 마음의 부담이 줄어들었기 때문이다. 어떤 일에 빠져서 열중하고 나면 그때 생긴 집중력이 다른 일에도 전이된다. 말하자면 일종의 도움닫기 역할을 하는 것이다. 도움닫기의 힘을 백퍼센트 활용했을 때는 워밍업 효과보다 커진다.

집중력이 부족해 아무리 해도 성적이 오르지 않을 때는 자신 있는 과목만이라도 철저히 공부해서 그 과목의 성적을 올리도록 한다. 올라간 성적을 보면 '나도 할 수 있다'는 자신감이 생기고, 그것이 기폭제가 되어 그 동안 자신 없던 다른 과목까지도 파고들게 된다.

자신 있는 과목, 좋아하는 과목을 완벽하게 점령한 뒤에 거기서 얻은 자신감과 집중력으로 다른 과목에 도전해 집중한다면 보다 효율적으로 공부할 수 있다.

수험생이여, 잊지 말자. 어떤 일이든 포기하지 않고 자신 있게 나아간다면 못 이룰 것이 없다는 사실을.

시선을 집중하려면

독서실에 가보면 수험생마다 공부하는 스타일이 제각각이다. 어떤 학생은 거의 책과 맞닿을 정도로 고개를 파묻고 공부하는가 하면, 고개를 뻣뻣이 들고 조금도 움직이지 않는 부동자세로 하는 학생, 머리에 수건을 뒤집어쓰고 공부하는 학생도 있다. 옆에서 왔다갔다하는 시선이 느껴지거나 다른 물체를 보면 공부에 집중을 할 수 없기 때문에 아예 시선 자체를 차단하는 것이다. 일리가 있다.

문제집의 문제를 풀 때도 이런 원리를 적용해 보자. 문제를 풀다가 막히면 무의식적으로 다른 문제들은 풀 수 있는 문제인지 흘금흘금 쳐다보게 된다. 그러다가 지금 풀고 있는 문제보다 더 어려운 문제를 발견하면 집중력이 분산되면서 풀고 있는 문제까지도 자신 없어진다.

그러므로 지금 풀고 있는 문제 외에는 종이로 가려서 아예 시선이 분산되지 않도록 한다. 이런 훈련이 잘되어 있다면 모의고사나 수능시험 등에서도 문제를 하나하나 침착하게 집중해서 풀 수 있다.

제6장

집중력을 높이는
오감 활용법

인간의 신체에는 아직도 밝혀지지 않은 놀라운 기능과 신비한 능력이 있다.
이런 우리 안의 개발하지 않았던 기능과 능력을 총동원해서 집중력을 높일 수
있는 공부법을 알아보도록 하자.

상상만 해도 좋아

　　운동선수는 짧은 시간에 모든 에너지를 집중해야 한다. 그들은 최대한의 집중력을 끌어 올릴 수 있는 방법은 '자신감을 갖는 것' 이상이 없다고 말한다. 그래서 '오늘은 운이 좋다', '컨디션 최상이다' 라며 스스로 믿음을 갖기 때문에 심리적 동요 없이 경기 자체에 집중할 수 있다는 것이다. 운동선수뿐 아니라 누구나 자신에 대한 긍정적이고 낙관적인 이미지를 분출하여 집중력을 높일 수 있다.

　　한 연구기관에서는 '기분 좋은 이미지를 연상했을 때가 그렇지 않을 때보다 두뇌를 효과적으로 사용할 수 있다' 는 연구결과를 발표했다. '낙천적인 사고 방식'은 필요 없는 잡념을 없애고 정신을 집중시키는 최상의 요소다. 이런 사고를 가진 사람은 기분 전환도 빠르다. 그래서 눈앞의 일에 연연해 오랫동안 미련을 버리지 못하거나, 상황에 따라 감정기복이 심해지는 일이 거의 없다.

시간은 우정을 강하게 만들고 사랑은 약하게 만든다.
-라 브르예르

만일 입시도 포기하고 싶고, 학교 성적 때문에 괴로운 심정이라면 이런 상상을 해보자. 내가 바라던 대학 합격자 명단에서 내 이름을 발견하고 기뻐서 펄펄 뛰는 모습, 시험장에서 아는 문제들만 나와 자신 있게 답을 적어내는 모습….

'곧 원하는 대학에 가게 된다', '성적이 오른다' 라며 자기 자신에 대한 믿음을 갖고 기분 좋게 상상의 나래를 펴면 과도의 긴장상태에서 쉽게 빠져나올 수 있다. 우리 모두 내일의 자랑스런 모습을 상상하면서, 오늘을 힘차고 후회없이 살아가는 낙관적인 사람이 되자. 위 방법이 '내부호소형 집중법' 이라고 하면, 반대로 '외부호소형 집중법' 도 있다.

예를 들어 친구나, 부모님, 형제 등 주변사람들에게 "나는 꼭 **대에 가고 말거야!", "올해 꼭 **대에 합격한다!"고 공언하는 것이다. 이것을 '선언 효과' 라고 하는데 자기가 정한 목표를 사람들에게 공언함으로써 자신의 잠재력을 최대한 끌어내는 일종의 자기 최면법이다.

틈새 시간
공략법

집중이 잘 안 되거나, 집중력이 생겼어도 곧 주의가 산만해지는 수험생은 '틈새 시간'을 활용하는 것이 효과적이다. 아무리 집중력이 없어도 최소한 5분은 집중을 지속할 수 있을 것이고, 그 정도라면 싫증 느낄 만큼 긴 시간도 아니기 때문이다.

수험생에게 자투리 시간이 얼마나 있다고… 그러나 주의 깊게 살펴보면 우리 생활엔 뭔가를 기다리는 시간이 꽤 있다. 버스를 기다리는 시간, 친구를 기다리는 시간, 식사가 나오기를 기다리는 시간, 수업 시간이 되어 선생님이 교실 문을 열고 오기까지도 틈새 시간은 있다. 교무실과 거리가 있는 교실의 경우는 단 1~2분이라도 여유가 더 있는 셈이다.

그 밖에도 틈새 시간은 많이 있다. 이 시간을 잘 활용하려면 '버스를 기다릴 땐 수학 공식 하나를 외운다', '수업종이 울리면 선생

돈이란 훌륭한 하인이기도 하지만, 나쁜 주인이기도 하다.
-프랭클린

님이 들어오기 전까지 영어 단어 하나씩 외운다' 는 등 구체적인 계획을 세운다. 처음에는 습관이 안 되어서 잊고 지나갈 수 있지만 계속 반복하다 보면 나중엔 버스 정류장만 봐도 자동적으로 암기장에 손이 갈 것이다.

'그 짧은 시간 공부해서 얼마나 하겠어' 라고 생각하면 오산이다. 틈새 시간을 꾸준히 활용하면 '티끌 모아 태산' 이 된다. 한 달 두 달 꾸준히 하다 보면 '어느새 이만큼이나 했네' 하면서 흐뭇한 미소를 지을 날이 다가올 것이다.

쉽게 집중하기
힘든 타입이라면

나는 공부를 시작해서 금방 집중력이 생기는 편인가? 아니면 리듬을 타서 집중력이 높아지기까지 상당한 시간이 걸리는 편인가? 만일 후자의 경우라면 이렇게 공부해 보자.

먼저 그날의 공부 분량을 다 끝내지 말고 조금 남겨 둔다. 그리고 다음 날, 그 나머지 부분부터 다시 시작하는 것이다. 그러면 다음 날 나머지 공부를 시작할 때 전 날보다 빨리 집중력이 생기게 된다. 만일 수학을 공부하고 있었다고 하자. 수학 문제에 집중할 때 두뇌는 긴장상태에 있게 된다. 공부를 다 마치고나면 긴장상태는 해소된다. 그러나 공부를 끝내지 않고 도중에 그만 둔다면 그 긴장은 머릿속에 그대로 잔재되어 있기 때문에 다음 날 남은 부분을 펼쳤을 때 어렵지 않게 집중력이 생기게 된다. 또한 한 과목을 완전히 마치고 다른 과목을 펼쳤을 때 쉽게 집중하지 못하고 능률이 오르지 않는 학생도 이 방법을 사용하면 같은 효과를 얻을 수 있다. 다음 공부할 과목을 앞에 두고 집중이 되지 않아 초조하게 시간을 보내는 것보다 훨씬 효율적으로 공부할 수 있다.

한 장소에 집착하지 말아라

책상에 오래 앉아 있다고 해서 절대 능률이 오르는 것이 아니다. 오히려 한 장소에 집착하면 심리적 자극이 만성화되어서 공부의 능률이 떨어진다.

어떤 사람은 암기할 때 이 방 저 방을 왔다갔다하면서 외워야 잘 외워진다고도 한다. 거실이나, 베란다, 화장실, 현관 앞 등 당시 기분에 맞는 장소에서 공부를 해보자. 공부는 공부방에서 한다는 고정관념은 이제 버리게 될 것이다.

집중력을 높일 수만 있다면 장소, 시간, 방법에 구속받지 말아야 한다.

오감을 자극해라

 인간은 오감(五感)으로 쉬지 않고 다양한 자극을 받아들인다. 오감 중 어느 한 감각이 활발하게 활동하고 있을 때 나머지 다른 감각이 마비되면서 집중력은 높아진다.

보지도, 듣지도, 말하지도 못했던 미국의 사회사업가 헬렌켈러는 오직 촉각, 후각, 미각만을 가지고 있었다. 그녀는 이 세 가지 감각에 최대한 집중할 수 있을 때까지 훈련에 훈련을 거듭한 결과 일상 생활에 큰 불편함을 느끼지 않았다고 한다. 아니 오히려 오감을 모두 가진 이보다 뛰어난 감각을 발휘했다.

어떤 소리를 정확히 들으려 할 때 나도 모르는 사이 눈을 감고 귀를 기울이게 된다. 보는 감각을 잠시 정지시켜 청각에 모든 신경을 모으기 위한 행동이다. 그러면 몇 배의 능력을 나타낼 수 있다.

공부를 하기 전에도 잠깐 눈을 감고 청각에만 집중해 보자. 평소에는 거의 들리지도 않던 창 밖의 자동차 소리부터 책상 위의 탁상

시계 초침 소리, 주방의 냉장고 모터 소리까지 자세하게 들려올 것이다. 또는 눈을 감고 촉각으로 사물을 만져보자. 더듬어서 손에 잡힌 물건이 무엇인지 이리저리 만져 보는 사이, 의식은 손가락 끝으로 집중된다. 그리고 가사(假死)상태의 시각에 강한 관심이 생기게 된다. 너무 궁금해서 눈을 떠보면 신경의 범위가 매우 작게 압축되어 있음을 알 수 있다. 이렇게 집중력이 생겼다면 이 감각을 그대로 유지한 채 공부를 시작하자. 평소에는 보이지 않던 세세한 내용까지도 눈에 쏙 들어올 것이다.

TIP

자신감 100배 충전

사람은 신체상으로는 23일, 감정상으로는 28일, 지성은 33일이 한 주기라고 한다. 이것이 바로 인간 주기율이다. 청소년기에 접어 들면 지성주기의 파동도 뚜렷하게 발달되므로 주기율의 절정기에는 추리나 분석으로 해결되는 수학, 과학 계통의 공부를 저조기에는 어학, 사회 과목 등을 중점적으로 공부하는 것이 효율적이다.

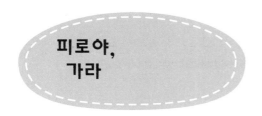

피로야, 가라

건강한 젊은 여성에게 빠른 속도로 4자리 수를 둘씩 곱하도록 했더니 열두 시간을 쉬지 않고 풀었다고 한다. 열두 시간 내내 계산하는 속도도 비슷했고 정확도도 떨어지지 않았다는 것이다. 이 결과로도 알 수 있지만 사람의 두뇌는 피로를 잘 모른다. 단지 신체의 피로와 공복에 한계를 느끼는 것뿐.

그러니 '머리가 피곤해서 집중이 안 된다' 는 말은 정확하지 않은 말이다. 두뇌가 피곤하다고 느끼는 것은 두뇌와 몸의 균형이 무너졌다는 것을 의미한다. 즉 이때는 몸이 피곤한 경우가 대부분이다.

공부의 능률이 떨어진다거나 피곤함을 느낄 때 가벼운 운동으로도 피로를 해소할 수 있다. 바깥 공기를 마시면서 산소를 공급해 준다거나 복식호흡을 반복하면 기분전환도 된다. 묵독이나 산책, 대화, 가만히 앉아 있기, 누워 있기 등으로 피로를 풀 수 있지만 그 중에서도 '누워 있기' 가 가장 빨리 피로를 해소한다.

오늘 달걀을 한 개 갖는 것보다 내일 암탉을 한 마리 갖는 편이 낫다.
-토머스 플랜

　　장시간의 공부로 꼼짝할 수 없을 만큼 지치게 되면 주저 없이 잠을 청해라. 그러나 육체적 피로와 정신적 긴장을 풀지 않고는 숙면을 할 수 없다. 이때 샤워를 하고 몸을 식히면서 신경의 긴장을 풀어주는 것이 좋다. 단 한두 시간이라도 숙면을 하고 일어나면 몸과 두뇌의 균형이 빨리 회복되어 집중력 있게 공부할 수 있다.

점을 떠올려라

어떤 학생은 공부가 손에 잡히지 않자 매일 가상의 점 하나를 떠올리는 상상을 했다고 한다. 물론 그 순간에는 이 점 외에 아무것도 생각하지 않았다. 그리고 이 점을 직선으로 연장해 보고 또는 별, 해, 반달 등 간단한 도형을 그리기 시작하다가, 날이 갈수록 점점 복잡한 도형을 허공에 그려 보았다. 그러자 도형이 복잡해지면서 집중력도 장시간 지속되었다고 한다.

또 한 예로, 수업이 머릿속에 들어오지 않던 여학생이 의식적으로 시계 소리를 듣는 훈련을 했더니 집중력이 놀랄 만큼 향상됐다고 한다. 시계소리를 들으며 마음속으로 '똑딱똑딱' 열 번 이상을 반복하고, 다음 날은 15번, 또 다음 날은 20번… 계속적으로 수를 늘려 반복했더니 수업시간에 전보다 훨씬 더 집중을 잘 할 수 있었다는 것이다.

집중력을 끌어올리기 위한 가장 원초적인 도구는 바로 눈, 귀, 코

인생은 하나의 실험이다. 실험이 많아질수록 당신은 더 좋은 사람이
된다. -에머슨

, 입 등 온몸의 신체 부위인 것이다.

집중이 안 될 때는 어떤 사물을 응시하여 보자. 그러면 확산되었
던 의식이 응축되면서 공부에 집중하기 쉬워진다. 휴식 시간에도
이 방법은 기분 전환에 좋다. 이때 눈의 피로를 풀기 위해 가능한
멀리 있는 물체를 택한다. 사물은 어떤 것이든 상관없지만 공부 도
중이라면 눈앞의 책이나 필통 등 가까운 대상을, 휴식 중에는 멀리
있는 대상을 선택해 시선을 분리시켜 기분을 바꾸어 줄 수 있다.

시험 직후, 집중력이 가장 높다

 사람은 어떤 일을 마치고 난 직후에 벌써 작업의 결과를 알고 싶다는 욕구가 강해진다. 즉, 작업에 대한 관심과 동기가 가장 높은 때라는 것이다.

이 원리는 수험생에게도 적용된다. 시험이 끝나면 내 답이 맞는지 틀린지를 확인하려고 마치는 종이 치기 무섭게 교과서를 펼쳐든다. 정답을 하나하나 확인할 때 긴장과 집중력은 최대치가 된다. 이때 문제와 답을 맞추다 보면 시험 전에 아무리 외우려고 해도 이해되지 않던 부분들이 머릿속에 쏙 들어온다. 수험생에게 시험점수는 굉장히 예민한 부분이기 때문이다. 시험 직후 적당한 긴장과 집중력이 생겼을 때, 이 절호의 찬스를 놓치면 안 된다.

집중력을 위해 옷을 갈아입어라

옷차림도 집중력과 일련의 상관이 있다. 사람은 어떤 옷을 입느냐에 따라 행동이나 마음가짐도 달라진다. 위엄 있는 제복을 입고 있던 경찰관도 근무가 끝나 청바지에 티셔츠를 입으면 평범한 또래 청년으로 돌아가듯이 옷을 바꿔 입음으로 해서 사람의 행동이나 마음가짐에도 변화를 줄 수 있는 것이다.

학교나 학원에서 돌아온 옷차림 그대로 책상에 앉아 공부를 하는 학생도 있다. 긴장감을 늦추지 않아 집중력을 줄 수도 있지만, 반대로 학교생활의 연장이라는 생각 때문에 오히려 싫증을 느끼게 할 수도 있다. 능률이 떨어진다면 기분전환과 집중력 회복을 위해 옷을 갈아입는 것이 좋다. 또 잠옷을 입고 공부를 한다면 심리적으로 자고자 하는 욕구가 강해져 방해가 된다. 집에서 오랜 시간 공부했을 경우도 마찬가지다. 슬슬 공부에 싫증이 날 때쯤 지금 입고 있는

옷과는 다른 스타일이나 다른 색상의 옷으로 바꿔 입어 보자. 훨씬 기분도 나아지고, 신선한 에너지를 얻어 더 잘 집중할 수 있다.

　　시원하게 확 트인 고속도로, 대부분 고속도로는 일직 선으로 되어 있다고 알고 있다. 그러나 고속도로가 일직 선으로만 되어 있으면 운전에 타성이 붙어 집중력이 떨어지고 산만해져 사고가 나기 쉽다. 이것을 방지하기 위해 고속도로는 곡선으로 설계된다고 한다.

　공부할 때도 마찬가지다. 오랫동안 공부에 매달리거나, 한 가지 방법으로만 암기하다 보면 타성에 젖을 수 있다. 이때 주변을 조금만 바꿔 주어도 바로 우리는 타성(惰性)이라는 혹성에서 탈출할 수 있다.

　주변의 변화란 꼭 거창하고 대대적인 교체를 뜻하지는 않는다. 흥미, 흥분, 경쟁 의식 등의 요소만 자극할 수 있으면 된다.

　그 동안 공부할 때 단순히 읽으면서 외우기 시작했으면, 연습장에 쓰면서 외워 보자. 그리고 쓰면서 외우는 것이 지루해질 즈음에

인생은 반복된 생활이다. 좋은 일을 반복하면 좋은 인생을, 나쁜 일을
반복하면 불행한 인생을 보내는 것이다. -W. NL.영안

글씨를 정자체로 바꿔 보거나 색 펜으로 써보거나 편지 쓰듯 해보
는 등 다양한 방법으로 조금씩 변화를 주는 것이다.

이렇게 하면 단시간에 타성에서 벗어나 처음 시작할 때의 신선하
고 즐거운 상태로 공부에 집중할 수 있다. 계속 새로운 방법을 떠올
려 조금이라도 변화를 주도록 한다.

재충전,
도약을 위한 발판이다

　인내의 결정체로 알려진 낚시, 낚시는 집중력 향상에 큰 효과가 있다.

　낚시의 명인 중에는 의외로 성격이 급한 사람이 많다고 한다. 성격이 급한 사람은 결론도 빨리 내리기 마련이다. 물고기가 언제나 올까, 이제 올까 저제 올까 초조하게 기다리다 보면 시간이 금방 가버리는 듯하다. 조급한 사람은 성취욕도 강해 물고기를 많이 잡으려고 하다 보니 집중력도 높아지게 된다.

　낚시가 아니더라도 공부와는 전혀 상관 없는 취미나 단순한 작업은 공부하는 데 있어 새로운 자극제가 된다. 호기심이 자극되면 타성에 젖어서 해오던 공부를 새로운 시선에서 바라볼 수 있게 된다.

　예를 들어 창 밖의 풍경을 바라보면서 마음을 넓혀 보는 것도 좋다. 구름의 모양을 보며 연상작용을 한다거나 하늘을 나는 새, 잠자리의 수를 세어 본다. 집 밖이나 마당으로 나갔다면 개미 구멍이 어

인생은 한 권의 책과 같다. 어리석은 이는 그것을 마구 넘겨 버리지
만, 현명한 인간은 열심히 읽는다. 단 한 번밖에 인생을 읽지 못한다
는 것을 알고 있기 때문이다. -상파울

디에 숨어 있는지를 찾아보는 등 자연관찰을 해보자. 맨발로 흙이
나 돌을 밟으며 산책을 하면 두뇌에 자극을 주고 피로도 풀어 준다.

　휴식은 따분하고 지치기 쉬운 입시 기간을 극복하는 귀중한 재충
전의 시간이다. 단 텔레비전이나 라디오로 휴식을 취하지 말자. 외
부의 자극을 받지 않고 하루를 적극적으로 지내는 데 오히려 방해
물이 될 수 있기 때문이다.

마인드 컨트롤

자신의 감정이 얼굴에 그대로 다 드러나는 사람이 있는가 하면, 또 어떤 사람은 얼굴에 감정의 변화가 전혀 나타나지 않는 사람도 있다. 후자를 '포커 페이스'라고 하는데 이 말은 포커 게임을 할 때 상대방이 자신의 수를 읽지 못하도록 감정을 억제한 표정일 때 쓰는 말이다. 자신의 표정을 숨기는 것은 서로의 심리전이 게임의 승패를 좌우하기 때문이다.

그러나 감정을 숨긴다는 것은 참 힘든 일이다. 사람은 원래 내면의 모든 감정이 육체를 통해 표면으로 나타나기 때문이다.

복권이 당첨되었을 때, 원하는 대학 합격을 확인한 순간, 사랑하는 사람으로부터 프러포즈를 받았을 때… 그 순간은 자신도 모르게 펄쩍 뛰거나 환호성을 지르고 입을 다물지 못해 어쩔 줄을 모른다. 보이는 모든 것이 즐겁고 행복하고 아름답게만 느껴진다.

그러나 반대로 아무리 찾아봐도 합격자 명단에 자신의 이름과 번호가 없을 때, 사랑하는 사람에게 다른 이성이 생겼다고 헤어지자는 말을 들었을 때…, 이럴 때는 머리를 쥐어뜯게 되거나, 고개가 아래로 숙여지고, 온몸의 힘이 쭉 빠져 걸을 힘조차 없다. 아무리 아닌 척 해도 눈시울이 붉어져 금방이라도 눈물이 떨어질 것 같다.

기쁨과 슬픔, 이 두 감정이 크면 클수록 육체는 그 심리에 예민하게 반응한다. 즉, 마음과 몸은 긴밀한 유기관계에 있기 때문이다.

사람의 심리와 몸은 서로 상관성이 있어서, 육체에 어떤 자극을 주면 심리를 미묘하게 조절할 수 있다는 심리학자의 연구결과도 있다. 또한 마음도 육체에 따라 움직이기 때문에 이 원리를 학습에 잘 활용한다면 공부 시간이나 시험장에서도 감정에 좌우되지 않고 집중력을 잃지 않을 수 있다.

평소에 머릿속으로 '이런 상황에선 이렇게 행동해야지, 저렇게 말해야지' 하고 생각해 두는 것만으로도 그와 유사한 상황일 때 염두에 두었던 대로 행동이 자연스럽게 나온다. 미리 규칙을 익히면 언제라도 집중력을 높일 수 있다는 것이다. 예를 들어 시험점수가 잘 나오지 않을 때는 '큰 소리로 실컷 노래를 부를 것'이라고 염두에 둔다. 그러면 성적이 떨어졌을 때 다른 생각할 겨를도 없이 바로 노래방으로 달려가 소리를 지르면서 감정을 해소할 것이다. 이렇게 마인드컨트롤이 가능해지면 시험결과가 나쁘다고 해서 혼자 머리를 쥐어짜고 방에 틀어박혀서 감정을 극대화시키는 어리석은 행동

남의 생활과 비교하지 말고 네 자신의 생활을 즐겨라.

-콩도르세

은 하지 않을 것이다.

몸의 움직임을 통해 감정을 조절할 수 있는 방법을 익히게 되면 항상 같은 마음으로 공부에 전념할 수 있게 된다.

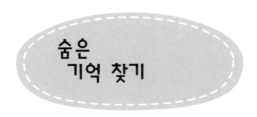

숨은
기억 찾기

확실한 기억은, 재생하기 쉬운 기억이라는 말과 같다. 기억을 확실히 만들기 위해서는 하나의 방법이 아니라 여러 종류의 기억법으로 암기하라고 이미 권한 바 있다.

암기한 내용을 깜박 잊었다거나, 기억이 애매할 때는 암기할 때 사용했던 방법을 거꾸로 더듬어 가보면 살짝 묻혀 있던 기억이 되살아난다. 즉, 끄집어내려고 하는 내용이 어느 위치에 있었는가를 짐작하고, 여러 각도로 관련 사항에 대해 연상의 고리를 엮는 것이다. 어떤 기억이든 한 가지만 독립적으로 존재하지는 않는다. 다방면으로 연결된 고리를 연상해서 더듬어 그 교차점을 찾으면 숨겨졌던 기억이 발견되는 것이다.

단어의 형태를
눈에 넣어라

한 번에 많은 것을 암기했을 경우, 후에 그 내용을 재생하다 보면 기억들이 서로 겹쳐져서 알고 있던 것도 가물가물할 때가 있다. 즉 '알고 있지만 기억나지 않는 상태'가 되는 것이다. 이때는 암기했던 내용이 어떤 형태였나를 더듬어 본다.

신라 제19대왕이 '눌지마립간왕'인지, '경덕왕'인지, '미추이사금왕'인지 기억이 나질 않는다면 먼저 이름이 길었나 짧았었나 생각해 보자. 당시 외우면서 이름이 두세 자는 아니었고 좀 길었다고 했던 것이 생각나면 일단 경덕왕은 제외다. 이제 둘 중 하나인데, 이름을 외우면서 특이한 것이 없었나 생각해 본다. '아! 맞다. 눌지마립간왕을 누룽지 마렵간 하면서 외웠던 거 같은데…'

이렇게 형태를 눈에 넣는 듯한 기분으로 암기하면 정말 다급해졌을 때 효과가 있다. '형태'를 익히는 것은 인간의 감각 발달 과정에

인생은 선을 실행하기 위하여 만들어졌다.
칸트

서도 초기에 해당하는 방법이다. 어린 아이들이 숫자를 볼 때 1은 하나, 2는 둘을 나타낸다는 의미로 외우는 것이 아니라 숫자의 형태로 받아들인다고 한다.

영어 단어를 외울 때도 마찬가지다. 'sorry' 라는 단어를 'solly' 라고 쓰거나, 'big' 을 'vig' 이라고 쓰는 학생은 아마 거의 없을 것이다. 이것은 단어를 소리나는 대로 외우지 않고 'o 뒤에는 r이 동시에 붙어 있었어' 하는 글자 간의 형태로 각인되어 있기 때문이다.

스펠링 한 자 한 자, 단어 한 자 한 자의 문자로서가 아닌 전체적 패턴이 기억되어 있다면 틀릴 확률은 거의 없을 것이다.

잠도 기억력을 돕는다

사람은 몸과 마음이 편안해야 더 잘 기억할 수 있다. 초조하고 긴장된 마음을 풀고 편안한 상태일 때 많은 알파파가 뇌에서 나와 집중력을 더해 주기 때문이다. 그러나 뇌가 받아들일 수 있는 용량은 한계가 있다. 뇌의 신경세포는 수많은 신경전달회로(시냅스)와 연결되어 있다. 그렇기 때문에 학습능률을 높이려면 한 과목씩 공부하되, 장시간 앉아 있는 것은 피하는 것이 좋다. 학교에서의 수업 시간 배치처럼 50분 정도 공부하고 5-10분 정도 휴식을 취해 주자.

머리를 너무 혹사시켰을 때 확실하게 스트레스를 발산하는 방법은 가벼운 낮잠이다. 쉬는 시간 단 5분이라도 효과가 있다. 그러나 낮잠이 길어지면 깊은 수면 상태가 되어 잠이 깼을 때 몸이 가뿐하지 않고 기분이 나빠진다. 그러므로 30분 이상은 삼가야 한다.

또한 해야 할 공부가 너무 많아 잠이 모자랄 지경이라면? 그래도

건전한 충고를 적절하게 하려면 위대한 사람이 되어야 한다. 그러나
그 충고를 우아하게 받아들이려면 더 위대한 사람이 되어야 한다.
-맥코레

밤잠은 필요하다. 수면 중에는 낮 동안 써버린 에너지를 보충하고,
뇌에서는 새로 얻은 정보를 정리하여 오랫동안 기억해야 할 것들을
분류해서 장기간의 기억장소로 옮기고 쓸데없는 기억은 제거한다.
즉, 수면은 그날 활동에 대한 뒤처리와 다음 날 뇌 활동에 필요한
에너지를 축적하는 중요한 과정이다. 최소한 새벽 2시에서 6시까지
는 자는 것이 좋다.

TiP

자신감 100배 충전

잠들기 전 따뜻한 우유 한 잔을 마시면 위도 편안
해지고 잠도 잘 온다. 우유에는 트립토판이라는 수
면과 관계된 물질이 있기 때문이다. 상추를 먹으면
잠이 온다는 말도 맞는 말이다. 상추, 쑥갓 등의 채
소에도 이 물질이 들어 있기 때문이다. 그러므로
시험 전날이나 밀린 공부를 해야 하는 날에는 가급
적 피하는 것이 좋다. 또 과식을 하면 장이 음식을
소화시키기 위해 무리하게 일을 해야 하므로 저녁
식사엔 지방이나 단백질을 많이 먹지 않는다.

뇌를 자극해라

발을 많이 사용하면 뇌가 자극을 받아 활발하게 움직인다. 그러나 잘 걷지 않으면 말초신경의 자극이 부족해 뇌의 기능이 쇠퇴한다.

그리 먼 거리가 아니라면 조금만 일찍 일어나 걸어서 등교해도 좋을 것이다. 걸을 때는 뒤꿈치보다는 발끝에 체중을 싣고 걷는 것이 효과가 있다. 실내에서는 양말이나 슬리퍼를 벗어버리자. 맨발일 때 자극을 더 많이 받기 때문이다.

자신이 가장 좋아하는 일을 할 때 뇌는 자극을 받는다. 재미있는 일, 기분 좋아지는 일이 아니라면 뇌는 좀처럼 움직여 주질 않는다. 그러므로 속히 공부에 집중하고 싶다면 '어떻게 하면 좀 더 재미있게 공부할까'를 생각하는 것이 빠르다.

단순하고 기계적인 기억은 잊어버리기 쉽다. 그러나 뇌는 어떤 내용을 이미지화해 새기면 쉽게 잊어버리지 않는다. 또 양쪽 뇌를 동시에 사용하면 한쪽 뇌에 대한 부담이 줄기 때문에 피로가 준다. 음악을 들으면서 숙제를 한다거나 이야기를 하면서 그림 그리기 등이 좋은 예이다.

우뇌와
좌뇌 활용법

일반적으로 오른손잡이는 좌뇌가 발달하고, 왼손잡이는 우뇌가 발달했다고 알려졌다. 몸의 신경체계가 서로 엇갈려 있기 때문이다.

좌뇌가 발달하면 언어 구사력, 문자 · 숫자 · 기호의 이해 등 분석적, 논리적, 합리적 능력이 뛰어나다. 우뇌는 '이미지 뇌'라고 불릴 정도로 그림, 스포츠, 음악감상, 단숨에 상황을 파악하는 직관 등 감각적인 분야를 담당한다.

그러므로 평소에 잘 쓰지 않는 방향의 신체를 움직이면 자극이 적은 쪽의 뇌에 영향을 준다. 만일 오른손잡이라면 물건을 들거나 사용할 때 의식적으로 왼손을 자주 쓰면 우뇌에 커다란 도움이 된다. 좌뇌와 우뇌가 하는 일은 차이가 있지만 좌뇌와 우뇌는 서로 연결되어 있어 계속적으로 정보를 교환하면서 공동 작업을 하고 있기 때문이다.

좋은 머리 만드는 식습관

두뇌세포를 건강하게 하면 좋은 머리를 만들 수 있다. 신경이 많이 모인 곳이 뇌다. 뇌의 신경세포가 잘 작용하려면 산소가 절대적이다. 산소가 부족하면 뇌가 둔해진다고 말한 바 있다. 뇌에 산소를 보내려면 폐활량이 큰 호흡을 하고, 산소 흡입량을 점점 늘려야 한다. 정신집중 훈련을 하면 두뇌를 충분하게 활용할 수 있다. 뇌는 사용하지 않고 내버려두면 녹이 슨다. 그러나 집중이 안 될 때는 언제든지 중단할 수 있다는 여유를 가지고 공부를 하면 보다 가볍고 편안하게 집중할 수 있을 것이다.

또한 과식은 두뇌활동을 저하시키므로 수험공부 기간 중 토요일 저녁 한 끼쯤은 단식을 시도해 보자. 머리를 쉬게 하고 위장 기능을 조정하는 데 도움이 된다.

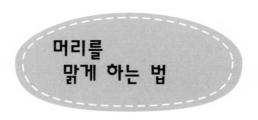

머리를 맑게 하는 법

우리의 뇌는 그 무게가 체중의 1/30밖에 안 되는 작은 기관이다. 하지만 산소의 소비량은 전체의 1/5이나 된다.

산소가 부족하다고 느끼면 일시적으로 두뇌 회전이 둔해진다. 그러므로 두뇌의 향상을 위해서는 적어도 한 시간에 심호흡 5번 정도는 반복해 주는 것이 좋다.

공부로 피로해진 머리를 빨리 회복하고 싶다면 큰 소리로 노래를 불러 보자. 노래를 부르면 욕구불만이 해소되고, 체내의 혈액순환이 원활해진다. 또 산소도 보충되고 심호흡이 커지므로 두뇌력이 강화된다. 그날의 피로는 꼭 그날 중에 풀어야 한다. 그래야 다음날은 아침부터 새로운 기분으로 공부에 집중할 수 있다. 특히 밤늦게까지 공부한다고 커피를 마시는 것은 바람직하지 않다. 커피 속에 들어있는 카페인의 약리작용으로 뇌세포를 자극해 일시적으로는 흥분제 역할을 하지만 결국엔 깊은 잠을 방해하고, 만성피로를 유발할 수 있다. 정말 잠을 쫓아야 할 때는 눈 주위를 찬물로 자극하는 방법을 써보는 것이 좋겠다.

감동
시켜라

오래 전에 본 영화나 연극 중에 전체 줄거리는 기억나지 않지만 유독 어느 한 장면이 머릿속에 남아 있는 경우가 있다. 그 기억은 자신이 애써 기억하려고 노력한 결과라기보다 그 장면을 보면서 감동을 받았다거나 놀라움으로 인한 신선한 충격 때문인 경우가 대부분이다.

사람의 대뇌는 크게 구뇌와 신뇌로 나뉘어 있다. 구뇌(old brain)는 수면과 같이 생명에 필수적이고 본능적인 반응과 관련된 기능·정서를 담당하며, 신뇌(new brain)는 인간만이 가지고 있는 이성적인 의식 활동을 담당하는 이성판단중추다. 평소에는 신뇌가 본능적인 구뇌를 억제하고 있다. 그러나 정서적인 감정을 포함한 기억은 신뇌를 뚫고 구뇌까지 도달한다. 그러므로 단순 기억이 사라진 뒤에도 오랫동안 남아 있어 잘 잊혀지지 않는다.

서로 비슷한 것이 여러 개 있고 그중 다른 것들과 차별화된 것이

강물의 흐름에 따라 부드럽게 즐겁게 배를 저어라. 이것이 곧 삶이다.
산다는 것은 호흡하는 것이 아니라 행동하는 일이다. -루소

하나 들어 있을 때 쉽게 눈에 띄는 것을 '응리효과' 라 부른다. 감동은 두뇌 속의 응리효과를 만들어 내 기억을 도와주는 역할을 한다.

즉, 기억해야 할 것을 '감동화' 하면 쉽게 잊어버리지 않고 암기도 즐겁게 할 수 있어 효과적이다. 그러나 감동이라는 것이 그리 우리에게 자주 있는 일은 아니다. 공부를 하면서 과목에 맞는 연출을 시도해 보자. 국사, 세계사의 경우는 당시의 역사적 상황을 하나의 드라마처럼 구성하여 스스로 감동의 추임새를 넣는다.

수학에 있어서도 충분히 응용할 수 있다. 피타고라스는 "수는 만물의 근본 물질이며, 만물은 수의 관계에 따라서 질서 있는 코스모스를 만든다"고 말했다. 그는 수학을 영혼의 정화 수단으로 삼아 기하학, 수론, 측량술 등의 단계를 넘어서 이데아의 수준으로까지 발전시켰다. 이런 신비한 수와 이데아의 세계를 상상하면서 문제를 풀어 보는 것이다.

집중력을 높이는 공부방 분위기

분홍빛이 도는 방이 공부방으로 알맞다고 한다.

공부방이 북쪽에 있으면 햇볕을 직접 받지 않아 시원하고 조용해서 집중력에 좋다. 공부방을 너무 요란하게 꾸미면 학습능률이 오르지 않는다. 그림이 있는 벽지나 화려한 띠 벽지는 집중력을 방해한다. 지식을 상징하는 검은색과 파란색, 초록색이 공부에 열중할 수 있도록 도와 준다.

책상은 고개만 살짝 돌려도 출입문을 볼 수 있도록 배치하는 것이 좋다. 문과 등지고 앉아 공부하면 주위 소리에 신경이 쓰여 집중력이 떨어질 수 있다. 책상 앞에 책꽂이를 두고 책을 많이 꽂아 두면 집중력이 떨어지므로, 책상 옆에 책꽂이를 두어 책을 정리한다.

조명은 전체 조명과 부분 조명을 함께 사용하는 것이 좋다. 눈의 피로를 덜어주고 그림자가 생기지 않게 하려면 전체 조명의 빛이 책상 왼쪽 뒤편에서 비치게 한다.

복식호흡으로 입시 스트레스 싹~

스트레스가 생기면 자신도 모르게 몸 근육에 힘이 들어간다. 뒷목이나, 교근(이를 악물었을 때 느껴지는 근육), 팔다리 등 근육에 힘이 들어간다는 것은 근육이 수축한다는 말이다.

스트레스로 인해 긴장된 근육을 푸는 방법 중 가장 간편한 방법은 복식호흡이다. 느린 복식호흡은 몸 안의 이산화탄소를 10% 정도 상승시키는 효과가 있다. 그러면 심박동수가 느려지고 수축된 혈관이 늘어난다. 또 소화기관 내 소화액 분비가 자극되는 등 전신이 이완된다.

복식호흡 요령은 편안한 자세(무릎을 약간 굽히고 누운 자세)를 취한 뒤 눈을 감는다. 그리고 코로 숨을 들이쉬고 입으로 내쉰다.

숨을 들이쉴 땐 손을 배 위에 놓고 다 들이쉴 때 배를 한껏 부풀게 한다. 하나 둘, 셋, 넷을 세고, 잠시 숨을 참는다. 하나, 둘, 셋, 넷까지 세고 난 뒤, 천천히 숨을 내쉬면서 천천히 여덟까지 센다. 이런 동작을 몇 분 반복하고 나면 어느새 스트레스가 사라지고 편안한 마음이 찾아온다.

배를 채워라

　　배가 너무 고파도 전쟁을 할 수 없고, 반대로 너무 불러도 안 된다는 말이 있다.

　　수험생도 마찬가지다. 소화기관은 두뇌 활동과 밀접한 관계가 있기 때문에 너무 배가 불러도 두뇌 활동이 저하되고, 너무 배가 고파도 공복감에 의한 초조함이 강하게 나타난다. 공복감은 신경의 집합소인 뇌간 망양체를 통과해 신경세포를 흥분하게 만든다. 그러면 긴장감과 불안감이 강해져 조그만 일에도 신경질적이 되거나 자주 화를 내게 되기도 하고, 조그만 소리에도 예민해진다. 이때는 책을 쳐다봐도 집중하기가 힘들다. 이 모든 것이 공복감 때문이다.

　　밥을 먹으면 치아와 턱 운동으로 두뇌가 자극되고, 공복감이 해결되면 신경의 흥분도 사라지게 된다. 충분한 열량 에너지를 공급받았으니 다시 공부할 수 있다는 의욕도 솟아난다.

특히 아침식사는 수험생에게 무엇보다 중요하다. 취침 시간에는
음식을 섭취하지 않으므로 아침에 일어나면 우리 몸은 가장 먼저
포도당을 필요로 한다. 그 중에서도 뇌는 집중하기 위해 반드시 포
도당이 필요하다. 아침식사를 거르지 않는 수험생은 포도당 섭취로
두뇌활동이 원활하게 이뤄져 집중력이 향상될 수 있다. 특히 우리
민족의 주식인 쌀 전분은 뇌 활동을 촉진시키기 때문에 쌀을 주축
으로 한 아침 식단이 수험생에게 바람직하다.

아침에 피로가 쌓여 입맛이 없을 때는 우유, 코코아, 각종 죽(잣
죽, 호두죽, 땅콩죽) 등 가벼운 식품을 먹는다. 또 식욕이 왕성할 때
소화가 잘 되는 음식만을 먹으면 변비에 걸리기 쉬우므로 섬유소가
풍부한 과일, 채소, 과즙을 아침식사에 곁들이는 것도 좋다.

자칫 체력이 약해질 수 있는 수험생에게 충분한 영양소를 공급해 주는 것은 입시 준비만큼이나 중요한 부분이다. 대추차, 오미자차 등에 꿀이나 엿을 타서 자주 마시면 몸도 튼튼해지고 공부 능률도 오른다. 체력 보강을 위해서는 땅콩을 속껍질째로 식초에 일주일 담갔다 저녁에 공부할 때마다 서너 알씩 씹어 먹으면 뇌의 피로가 풀리고 기억력이 좋아진다. 기호에 따라 인삼과 오미자를 함께 끓여 마시거나 녹차를 마셔도 된다. 머리를 맑게 하고 눈의 피로를 풀어 주며 잠도 쫓는다.

칼륨 성분이 부족하면 쉽게 피로해지고 머리도 맑지 못하다. 미역, 무말랭이, 말린 표고 등으로 칼륨을 보충할 수 있다. 셀레늄도 뇌의 노화를 예방하고 건강하게 해주는 성분인데 콩류나 통밀류, 간, 마늘, 조개 등에 많이 함유되어 있다.

참깨를 꾸준히 먹으면 몸이 가벼워지고 오장(五臟)이 윤택해지면

너그럽고 상냥한 태도, 그리고 무엇보다 사랑을 지닌 마음! 이것이 사람의 외모를 아름답게 하는 힘은 말할 수 없이 큰 것이다. -파스칼

서 머리가 좋아진다고 했다. 꿀 한 되와 참깨 한 되를 찧어 알약처럼 둥글려 먹으면 좋다. 깨는 그냥 먹으면 소화가 안 될 수 있기 때문에 곱게 빻아 우유에 타서 먹으면 좋다.

잠이 많은 수험생이라면 대추씨를 날로 먹어 보자. 영양수면시간은 6시간 정도라고 하는데 그 정도로는 부족할 만큼 잠이 많다면 산조인(멧대추 씨 속 알맹이)을 날 것으로 먹어 본다. 신경 안정 효과가 매우 뛰어나 이것을 날 것으로 먹으면 신기하게도 잠이 준다. 반대로 숙면을 취하려면 산조인 볶은 것 10g~20g에 물을 붓고 끓여 차처럼 마시면 된다.

기억력을 높이는 가장 중요한 식생활 방법은 '골고루, 규칙적으로, 적당량을 섭취' 하는 것이다. 식사의 양이나 질, 먹는 시간, 방법 등을 개선하면 서서히 뇌의 활동을 촉진시킬 수 있다.

기억력을 높이기 위해서는 산성 식품보다는 알칼리성 식품을 많이 섭취하는 것이 좋다. 채소, 과일, 해조류, 우유 등 알칼리성 식품을 충분히 섭취하여 혈액이 산성화되지 않게 한다.

빈혈은 뇌의 작용을 방해한다. 평소 땅콩, 콩, 참깨, 호두, 잣, 굴 등 비타민 B군이나 인지질이 많이 함유된 음식을 먹어서 빈혈을 예방하자. 콩과 달걀은 레시틴을 다량 함유하고 있어 기억력을 좋게 하는 데 효과가 있다.

신기한
두뇌의 세계

기억을 잘하는 사람들의 공통적인 습관은 반복이다. 그날 암기한 것을 1시간 뒤 반복한 다음 자기 전에 다시 기억하면 거의 잊어버리지 않는다.

뇌는 외부로부터 오는 감각자극을 받아들이고 반응하는 과정에서 발달하기 때문에, 시각, 청각, 후각, 미각, 촉각 등 오감을 사용하여 암기를 하면 훨씬 쉽게 기억할 수 있다.

지명을 외울 때에도 무조건 외우는 것보다는 지도상 위치를 생각해 가면서 외우는 것이 훨씬 쉽다. 추상적인 내용은 그림, 도표, 약도 등 시각적인 이미지로 전환해 기억하면 수월하다.

잘 외워지지 않는 내용은 혼잣말로 중얼거리면서 외워도 좋다.

연상법을 활용하라는 것은 이미 권한 바 있다. 예를 들어 6시에 학원 특강을 가야 한다면 까먹지 않기 위해 휴대폰 알람을 오후 5시 30분으로 해놓는 것이다. 그러면 휴대폰이 울릴 때 '내가 이 시간에

오늘의 문제는 싸우는 것이요, 내일의 문제는 이기는 것이며, 모든 날
의 문제는 죽는 것이다. -빅토르 위고

왜 맞춰놨더라' 생각하게 되고 특강이 연상적으로 기억난다.

사람의 뇌에는 수많은 세포가 있지만 그것을 모두 사용할 수는 없
다. 기억력의 용량이 어느 정도 한정되어 있기 때문이다. 따라서 그
리 중요하지 않은 부분이나 내용에 집착하지 않는 것도 정말 필요
한 것을 외우는 데 도움이 된다. 이때 이해하면서 기억한 것이 단순
히 암기하는 것보다 더 오래 기억된다.

성적을 올리기 위해 잠을 적게 자고 학습 시간을 늘리는 것은 스
트레스, 집중력 저하로 역효과다. 아무리 열심히 공부했다 하더라
도 시험 스트레스를 받으면 공부한 것을 모두 잊어버리는 현상이
나타나게 된다.

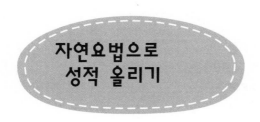

**자연요법으로
성적 올리기**

명상, 수면, 음악, 깊은 숨쉬기, 산책, 식이요법, 반신욕, 족욕 등 자연요법이 두뇌 발달에 좋은 영향을 준다.

집중력이 떨어졌거나 머리가 맑지 않을 때 숨을 깊게 내쉬는 명상으로 흥분이 진정되고 마음이 편안해진다.

공부 전 10분 명상을 참고해 보자. 우선 바닥이나 의자에 반듯이 앉는다. 왼쪽 손바닥 위에 오른손을 올리고, 두 엄지손가락을 맞대어 둥글게 만든 뒤 배꼽 아래쪽에 갖다 댄다. 눈을 감고 천천히 숨쉬면서 '공부가 잘 되어서 기분 좋았던 일, 자신이 되고 싶은 미래의 모습'을 상상한다. 마지막으로 그날 공부할 내용을 생각하면서 어디를 어떻게 공부하겠다는 계획을 세운다. 이렇게 하면 산만한 마음이 사라지고 집중해서 차분히 공부할 수 있게 된다.

식사요법도 중요하다. 정신적은 물론 육체적으로도 건강한 상태가 뒷받침되어야 보다 좋은 결과를 기대할 수 있기 때문이다. 저녁

혼자만의 삶과 사회적인 삶이 번갈아 있다. 혼자 있든 다른 사람과 같
이 있든 평정을 잊지 마라. -도교

은 평소 식사량의 70~80%만 먹도록 한다. 인스턴트, 기름기 많은
음식, 탄산음료는 가급적 삼가고 콩, 해산물, 육류, 달걀, 채소, 물
등을 많이 섭취한다. 칡차, 녹차, 국화차는 머리를 맑게 하고 혈액
순환을 좋게 해서 졸음도 쫓아준다. 잠자기 전에는 미지근한 물로
반신욕이나 샤워를 하고, 잘 때는 낮고 시원한 베개와 딱딱한 바닥
에서 자는 것이 좋다.

　허브향을 이용해서도 뇌 기능을 활성화시킬 수 있다. 기억력 향
상에 좋은 로즈마리, 레몬밤, 타임, 스피아민트 같은 허브 화초를
공부방에 놓아두면 심신이 상쾌한 상태에서 공부할 수 있다.

취미 습관으로
암기력을 높이자

미국 어바인에 소재한 캘리포니아대 프랜시스 라우셔 교수팀은 3~4살 어린이들에게 피아노 레슨을 시킨 결과, 퍼즐 맞추기 실력이 34% 향상됐다는 연구 결과를 발표한 바 있다.

연구팀은 피아노 레슨이 수학과 과학에 필요한 시공간 추론능력과 관련 있는 신경세포를 발달시킨다고 추측했다. 악기를 다루는 것도 두뇌 개발에 좋다는 이야기다.

평소 독서하는 습관을 갖는다면 전후 내용을 연결하는 장기 기억력과 시각적 정보를 뇌에 저장시키는 단기 기억력에 효과가 있다. 걷기나 달리기 같은 운동을 규칙적으로 하는 것도 기억력에 좋다. 뇌세포는 혈류를 통해 오는 산소와 영양분으로 기능을 유지하는데 운동은 뇌혈류를 활성화시키는 작용을 한다. 메모하는 습관도 좋은 습관이다. 인간의 기억력에는 한계가 있다. 생각날 때 즉시 메모하는 습관을 가져라. 모르는 문제나 단어도 책에다 체크해두면 그냥 지나가기 쉬우므로 메모장에 적었다가 선배나 담당 선생님에게 물어보고 지나가도록 한다.

부록

상위그룹 5% 학생이 되는 공부비법

MEMO

방법을 알면 공부는 잘할 수 있다

'어떻게 하면 공부를 잘할 수 있습니까?' 하고 질문을 받을 때면, 나는 서슴 없이 공부하는 방법을 알아야 한다고 말한다. 효율적으로 공부하는 습관과 방법을 익히면 스스로 공부하는 능력은 자연스럽게 길러지게 될 것이다. 그렇게 되면 학업 성과는 저절로 높아지게 될 것이다.

반에서 꼴등을 헤매고, 무엇 하나 제대로 하는 것이 없어도 좋다. 공부를 잘하려면 너무 조급하게 서둘지 말고 새로운 마음으로 훌훌 털고 일어나 씩씩하게 기초를 닦는 공부부터 시작해야 한다. 물론 더 많은 시간과 노력이 필요할 것이다. 그러나 끝까지 해보겠다는 끈기와 용기는 버리지 말자.

방법을 알면 공부는 잘할 수 있다. 그런데 요즘 대부분의 학생들은 공부 잘한다는 것을 당장 시험 성적이 올라가는 것이라고, 다시 말해서 시험 점수를 높게 얻는 것이라고 생각한다. 틀린 생각은 아니지만 그것은 믿을 수 없고, 어쩐지 불안하다. 아마 그것은 짧은 기간 내에 어떤 특정 교과나 과제의 성적을 올리거나 어떤 특정 목적에 맞추어 성적을 올리는 단편적인 것이기 때문이다.

공부를 잘한다는 것의 바르고 참된 의미는 꾸준히 공부의 성과를 올릴 수 있는 방법을 스스로 익혀 나가는 것이다.

공부는 내가 스스로 하는 것이다. 그런데 최근에 대부분의 학생들은 학교에서 공부하는 것에 열중하지 않고 학원, 과외 그리고 학습지 등의 사교육에서 공부하는 것에 중심을 두고 있다.

학생들이 공부하는 것을 사교육에 의존하게 되면 한동안은 학업 성적이 올라갈지도 모른다. 그러나 그런 학생들에게는 학교 공부를 이차적인 것으로 여기는 잘못된 학습태도가 길러진다. 따라서 그들은 스스로 공부하지 못하고 남에게 의존해서 공부하는 학생이 되어 버리고 정작 상급 학교나 사회에서 필요한 전문 교육에서는 그 학습 방향조차 모르는 것이다.

결국 공부 방법이란 자기 자신이 연구하고 경험해서 터득하는 길밖에 없다. 그럼에도 불구하고 여기에 기본적인 방향을 적는 것은 그 길의 안내판이 되고자 함이다.

공부를 잘하고 싶다면 확실한 기초학력을 닦아라. 우리들은 막연히 교과서나 참고서를 읽고 외우거나 문제를 풀어보고 시험 준비하는 것을 공부로 알고 있다. 이 과정도 공부인 것은 사실이다.

초등학생 시절의 공부는 읽고 외우는 작업이 많다. 중·고등학생 시절의 공부는 전문적이지 않지만 모든 분야에 걸친 학문의 기초적 원리들을 광범하게 배우고 익히는 과정이다.

그러나 공부 방법은 기본적인 것을 배우는 과정에 있는 학생이나 전문적인 연구를 하는 학자에게나 똑같다. 공부는 연구하고 분석하는 작업이라는 것이다. 그러므로 학생들은 교과서나 참고서를 단순히 읽고 외우고 문제를 풀어 보는 겉핥기식 공부를 하지 말고 내용을 여러 각도로 분석하고 연구하는 공부를 해야 한다. 이런 공부를 하려면 기초학력을 확실하게 다져야 한다.

뒤떨어진 학력은 절대로 조급하게 생각할 필요가 없다. 저학년 때부터 기초학력이 착실하게 다져지지 않았다면 처음부터 저학년 교과서나 참고서를 가지고 교과나 과제를 공부하면 된다.

교과나 과제의 기본원리를 구체적이고 충분하게 익히는 방법은 교제를 읽고 외우고 문제와 관련시켜 반복해서 연습하는 것이다. 즉, 기본원리를 이해하고 익혀 단계적으로 수준을 높이는 것이다.

시간이 다소 걸리고 힘이 들더라도 기초학력을 착실히 다지는 것은 공부를 잘할 수 있는 가장 올바르고 빠른 방법이다.

자주 공부하라

저학년 때부터 열심히 공부하지 않아서 기초학력이 부족한 학생은 수업 시간에 선생님의 수업 내용을 알아듣기가 힘들고 수업 진도를 따라가기도 힘들다. 이런 학생이 뒤떨어진 기초학력을 다지기 위해 기초과정을 공부하면서 지금의 교과와 과제를 공부해야 한다면 남보다 더 많은 시간을 투자해야 한다.

이때 어느 정도의 양을 어떤 속도로 공부해야 할지 진도를 정하고 하루하루의 진도에 맞추어 공부해 나가는 것이 무엇보다 중요하다.

필요할 땐 특별 지도를 받는 것도 좋다. 나 혼자 풀어 갈 수 없는 어려운 부분을 혼자 고민하며 풀어 나가려는 노력에도 시간이라는 한계가 있다. 나의 능력을 넘는 문제에 대해서 적극적인 대응이 있어야 한다. 그러나 특별 지도를 받을 때에도 본인이 스스로 공부하는 적극적인 자세가 있어야 한다. 특별 지도에 전적으로 의존해서 쉽게 부족한 학력을 얻으려는 자세가 있어서는 안 된다. 따라서 특별 지도는 주된 공부가 되어서는 안 되고, 스스로 열심히 공부하다가 능력의 한계를 느끼는 것이나 부족한 것만 도움을 받아야 한다.

뒤떨어진 기초학력을 다지는 가장 효과적인 방법은 한꺼번에 많은 시간 동안 공부하는 것보다 틈이 나는 대로 자주 하는 것이다. 이렇게 하다 보면 차츰차츰 친숙해지고 흥미가 생기며 지금의 교과와 과제에 자연스럽게 연결이 되고 성적이 서서히 오르게 된다.

다시 말해 기초학력을 다지는 공부를 할 때는 나의 능력에 맞는 교재를 한두 권 정해서 전체적인 진도를 정하고, 다시 하루하루의 진도를 정한 후 틈이 나는 대로 자주 공부하는 것이다. 그리고 차츰 현재 공부하는 교과와 과제 공부보다 진도를 조금 더 빠르게 하라. 얼마 지나지 않아 공부하는 내용을 깨달아 가고 즐거움과 함께 실력이 늘어날 것이다.

공부는 어려우면 어려울수록 깨달음의 즐거움이 더 크다. 그 즐거움을 나의 것으로 만들어 보자. 그 즐거움은 어느새 사고력을 발전시키고 공부에 대한 자신감을 생기게 할 것이다.

나 자신을 알자

공부를 잘하기 위해서 우선 자기 자신을 알아야 한다. 공부하는 방식은 사람들마다 다르다. 조용히 책을 읽으며 공부한다. 소리 내어 책을 읽어야 공부가 잘 된다. 사람이 많이 모여 있는 도서관이나 교실에서 함께 어울려 공부하는 것을 좋아하는 사람, 혼자서 공부해야 공부가 잘 되는 사람 등 여러 종류가 있다. 이 와중에서 내가 공부하는 방식은 어떤가를 아는 것은 매우 중요하다.

사람들이 공부하는 방식에 따라 유형별로 살펴보자.

첫째는 눈으로 보는 것으로 공부의 효능을 올리는 방식이다.

이 유형의 사람들은 공부할 내용을 그림, 사진, 차트 그리고 일일 계획표로 나타내서 볼 때에 빨리 이해하는 경향이 있다. 이런 사람들은 시각 학습자라고 할 수 있다.

그 다음 유형은 선생님의 설명을 들어야 교과와 과제의 내용을 잘 이해하는 유형이다. 이 유형의 사람들은 선생님의 설명을 들은 다음에 책을 읽고 공부해야 내용을 빨리 이해하는 경향이 있다. 이런 사람들은 청각 학습자라고 할 수 있다.

마지막 유형은 직접 실행해 보아야 공부의 능률이 높아지는 유형이다. 이 유형의 사람들은 교과나 과제의 내용을 노트 필기나 학습 자료로 자신이 직접 만드는 과정을 통해서 생각하고 느껴보는 것을 좋아하는 경향이 있다. 이런 사람들은 감각 학습자라고 할 수 있다.

나의 공부 방식은 어떤 것이라고 경솔한 판단은 금물이다. 자신에게 가장 잘 맞고 가장 좋아하는 학습 환경과 구체적인 학습 방법을 알아내야 한다.

이제 직접 자신에게 물음을 던지고 곰곰이 생각해 보자. '새벽, 오전, 오후, 저녁 그리고 밤 시간 중에서 나는 언제 공부가 잘 되는가?', '친구와 함께 공부하는 것이 좋은가? 나 혼자서 하는 것이 좋은가?', '나는 어떤 환경에서 공부가 가장 잘 되는가?' 또, 공부를 잘하려면 나는 우선 나의 학력이 어떤가를 구체적으로 진단해 볼 필요도 있다.

'나는 정말 공부를 못하는가? 아니면 공부는 거의 포기한 상태인가?'

절망적인 결과가 나와도 괜찮다. 자기 상황을 제대로 파악하는 데서 발전은 시작된다. 아무리 못하는 공부라 하더라도 공부하기를 싫어하고 피하려고 하지 마라. 앞으로 공부와 친해질 수 있다. 노력에 따라 공부는 다시 친해질 수 있는 친구이기 때문이다.

부족한 기초원리를 반복학습하여 자기의 것으로 확실하게 소화시키는 것이 절대적으로 필요하다. 기본원리를 자신의 것으로 확실히 만들면 응용력도 생긴다. 오랫동안 제대로 알지 못했던 내용을 깨달았을 때 후련함이 느껴진다. 그 후련함을 느끼면 느낄수록 학습자의 실력은 높아지고 공부하는 것이 점점 더 재미있게 된다. 재미가 있는 일은 아무래도 관심이 많이 간다. 사람은 많은 시간 동안 그 일을 하게 된다. 이렇게 그 일에 빠져서 열중하다 보면 사람은 그 일을 잘할 수 있고 새로운 착상이나 구상이 생기고 재능도 개발된다. 학습자에게도 학업 성적이 높아지면 공부에 대한 흥미가 높아져서 스스로 공부하는 태도가 형성된다.

인내심을 길러라

공부를 잘하려면 인내심이 있어야 한다. 공부는 하기 싫을 때에도 꾹 참고 규칙적으로 해야 하기 때문이다.

우리 주변에 공부하는 것을 방해하는 유혹은 매우 많이 있다. 때로는 친구들과 재미있게 놀고 싶고, 때로는 컴퓨터로 오락을 하고 싶고, 때로는 TV를 보고 싶고, 때로는 영화를 보고 싶다. 이런 유혹에 끌리게 되면 공부는 자연히 방해를 받게 된다. 이때는 자기 자신과 싸움을 해야 한다. 유혹에 끌리는 마음과 공부를 하겠다는 마음 사이에서 갈등을 겪게 될 때 유혹을 물리치고 공부를 하려면 인내심이 있어야 한다.

일반적으로 공부를 잘하는 학생들은 인내심이 강하다. 그러나 그런 학생들에게도 공부는 싫증이 나기 마련이다. 공부를 잘하는 학생들은 싫증이 나거나 지루하게 느껴지는 순간 꾹 참고 하다보면 싫증이나 지루함이 어느새 사라지고 흥미가 다시 살아난다고 한다.

재미있게 느껴질 때만 공부를 한다면 공부는 하루에 한 시간도 어려울 것이다.

공부를 해야겠다고 생각하는 학생은 마음의 단련을 통해 인내심을 길러야 한다. 인내심은 자기 자신을 채찍질하면서 노력해야 하고 부지런히 단련해야 하는 정신의 힘이다.

부지런 하자

부지런히 힘쓰는 것은 무슨 일에나 성공할 수 있는 기초가 된다. 공부를 잘하는 기초도 부지런히 힘쓰는 것이다. 그러나 부지런히 힘쓰는 것이 좋은 것인 줄 알면서도, 그것을 실제로 실행에 옮기는 것은 대단히 어렵다.

어느 분야든 성공하는 사람들에게는 공통점이 있다. 그것은 그들이 매우 부지런하다는 것이다. 이것은 사업가로 성공한 사람, 학문을 연구하는 학자, 정치가, 예술가 그리고 운동선수들 모두 마찬가지이다. 큰 성공이 아니라도 각 분야에서 두각을 나타내는 사람들 모두가 한결같이 부지런하다.

무슨 일을 하든 부지런한 사람은 게으른 사람보다 몇 배의 일을 한다. 부지런한 사람은 게으른 사람보다 성공할 가능성이 훨씬 높다. 공부도 마찬가지다. 부지런한 학생은 게으른 학생보다 공부를 더 많이 하고 그렇기 때문에 잘한다. 게으른 학생은 아침에 늦게 일어나 등교 시간 맞추기에 급급하고, 방과 후에 겨우 숙제나 하는 둥 마는 둥 하고 복습과 예습을 제대로 하지 못하며, 공책 정리도 제대로 하지 못한다. 이러다 보니 게으른 학생은 착실하게 공부를 하지 못한다.

그러나 부지런한 학생은 아침에 일어나 아침 공부를 하고, 등교를 여유 있게 하고, 수업 시간에 선생님의 가르침을 열심히 듣고, 필요한 점은 빠짐없이 공책에 정리하고, 방과 후에 일과표에 따라 복습과 예습을 착실히 한다.

시간의 흐름에 따라 게으른 학생과 부지런한 학생 사이의 격차는 점점 더 크게 벌어진다. 요행이라는 것도 따지고 보면 노력한 사람에게 찾아오는 뜻밖의 기회이다. 공부를 잘하려면 모든 과목에 열성을 갖고 부지런히 해야 한다.

다시 말해서 노는 시간 때문에 공부를 게을리 하면 안 된다.

공부는 기본적으로 학습 내용을 이해하고 기억하는 작업이다. 그것을 바탕으로 내용을 분석하고 한층 더 깊이 연구하고 응용하는 작업이다. 어떤 공부에도 기억은 매우 중요하다. 수업을 받거나 혼자 공부할 때도 내용을 기억하는 데 대부분의 시간을 보낸다. 그러므로 어떤 과목이든 기억은 공부의 기초가 된다.

공부하는 데 기억력은 대단히 중요하다. 기억력이 좋은지 나쁜지를 가지고 사람들은 흔히 머리가 좋다거나 머리가 나쁘다고 말한다. 사람의 두뇌 능력에는 기억력 외에도 응용력, 분석력 그리고 창의력 등의 기능이 있지만 공부의 기초 능력은 기억력이다.

공부한 내용이 기억된 대로 사라지지 않고 오래 기억되면 좋은 것이다. 실제로 시간이 지나면서 기억된 내용은 사라진다. 어떤 학습 내용이든 학생이 충분히 이해하지 못하고 무조건 외운 내용은 망각이 빠르다. 비슷한 내용과 중복되는 내용을 막연하게 기억하면, 그 기억은 오래 기억되지 못한다. 한꺼번에 이것저것을 기억하면, 그 기억도 오래가지 못한다.

공부한 내용을 정확하게 한 번 기억하고 오랫동안 유지할 수 있다면, 기억은 공부하는 데 매우 이로울 것이다. 그래서 공부하는 모든 사람들은 기억하는 비법을 찾으려고 한다. 기억력을 높이는 방법은 사람마다 다르다. 결국 자기 자신에게 맞는 방식을 찾는 것이 공부하는 데 도움이 될 것이다.

학습한 내용은 먼저 충분히 이해를 한 다음에 기억하도록 해야 한다. 또한, 학습 내용은 한꺼번에 억지로 기억하지 말고 내용을 분류하여 조직적이고 체계적으로 기억하도록 해야 한다.

한 번 기억한 사항이라도 시간이 지나면서 망각되는 것은 매우 자연스러운 현상이다. 몇 번이고 기억을 반복하여 재확인해두어야 완전한 자기 자신의 기억이 될 수 있다.

기억 능력은 노력으로 좋아질 수 있는가? 기억을 잘할 수 있는 특별한 방법은 없다. 그러나 공부하는 데 도움이 될 수 있는 기억 방법은 생각해 볼 수 있다. 그 방법에는 시각적 기억법, 결합 기억법, 그리고 연상 기억법들이 있다.

시각적 기억법은 눈에 선명하게 보이는 물건이나 장면으로 바꾸어 연상, 생각하는 기억 방법이다. 결합 기억법은 여러 가지 사항들을 앞뒤의 사항으로 서로 연결시켜 기억하는 기억 방법이다. 연상 기억법은 하나의 사실로 관련되는 다른 사실들을 생각하게 되는 기억 방법이다. 학생은 자기 나름대로 이런저런 기억 방법을 이용해 보는 것이 공부에 도움이 될 수 있다.

기억하는 것에 대해서 가장 중요한 점은 기억한 것을 오랫동안 지니어 가는 것이다. 기억을 오랫동안 지니어 가는 데 가장 좋은 방법은 기억한 것을 재확인하는 방법이다.

공부한 것을 자주 기억해 나가는 것은 공부에 반드시 필요하다.

기억해 내는 데 긴 시간이 필요한 것은 아니다. 버스 타는 시간, 차 마시는 시간, 쉬는 시간 등 어디서든 아무 때나 틈이 나는 대로 기억을 떠올릴 수 있다.

물론 자세한 내용까지 기억하는 것은 어렵다. 학습요점 중심으로 기억한 후 기억나지 않는 부분은 바로 확인하여 다시 암기하는 습관을 들여야 한다.

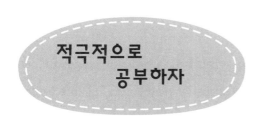

적극적으로
공부하자

    적극적인 사람은 쉬지 않고 무언가 새로운 일을 만들어 낸다. 적극적인 사람은 무언가를 이루려고 하는 열정과 마음속에서 일고 있는 의욕이 외부로 분출된다. 적극적인 사람은 언제나 경쟁의식이 강하여 남보다 앞서려고 하고 뒤떨어지는 것을 싫어한다.

    요즈음처럼 경쟁이 치열한 사회에서는 적극적인 사람이 유리하다. 공부를 잘하는 방법들 중 하나가 바로 적극적으로 공부하는 것이다.

    적극적인 사람에게는 열정이 있다. 열정은 사람의 노력에 진행이 빠르도록 힘과 자극을 보태어 준다. 열정은 사람의 일상생활에 빛이 되어 준다.

    열정은 사람에게 힘과 용기를 주고 앞으로 나아가게 하는 희망으로 마음을 가득 채워 준다. 열정이 없는 사람은 언제나 남보다 뒤떨어진다.

공부를 잘하려면 적극성이 있어야 하고, 보다 많은 의욕이나 욕심이 있어야 하고, 선의의 경쟁의식도 있어야 한다. 하지만 열정이 노는 것에 펼쳐지면, 그것은 공부에 해가 된다.

공부를 잘하는 학생에게는 적극적인 면이 매우 강하다. 그러나 학습 성과가 부진한 학생은 매우 소극적이다. 그러다 보니 공부에 대한 욕심이 없고, 그저 남의 뒤나 따라가자는 태도를 가지고 있다. 이렇게 소극적으로 공부하는 것은 학습 성과에 영향을 미친다.

매사에 소극적인 학생은 의식적으로 노력하여 바꿔야 한다. 태도를 바꾸는 일에는 의지가 매우 중요하다. 불타는 경쟁의식이 있어야 한다. 선의의 경쟁의식은 서로를 발전시켜 준다. 소극적인 사람은 미리 실패를 예상하는 함정에 빠진다.

하지만 실패하면 한 번 더 하겠다는 자세가 필요하다. 좋은 계획이면 주저하지 말고 시작부터 해놓고 보자. 소극적인 사람은 우물쭈물하다가 좋은 기회를 잃어버린다. 성공의 단추는 적극적인 실행에 있다.

논리적 사고를 기르자

논리적 사고라는 것은 학습 내용에 대하여 단순한 감정이나 편견이 아닌 분별력 있는 판단에 의해 합리적으로 생각하는 것이다. 이런 논리적 생각은 논리적 사고의 기초가 된다. 그리고 객관적 기준에 따라 비판하는 능력을 갖추도록 노력한다.

공부할 때 단순하게 학습 내용을 기억하는 것은 논리적 사고의 공부가 아니다. 논리적 사고의 공부를 하려면 기본 개념과 원리의 이해, 그것의 적용, 자료 해석, 종합적 추론이 있어야 한다. 공부를 잘하려면 이런 논리적 사고를 길러야 한다. 학습내용을 복습하고 예습을 하고 무조건 외우려 하지 말고 분석 평가하고 비판하는 점에 중점을 두고 공부할 때 사고력은 길러진다.

사고의 기초는 분별력 있는 판단과 분석이다. 분별력 있는 판단과 분석을 하기 위해서는 다양한 지식과 정보가 있어야 한다. 또한,

논리적인 사고를 하기 위해서는 자신의 관점이 있어야 한다. 그러므로 논리적인 사고를 구체적으로 기르기 위해선 논리적인 글을 많이 읽어야 한다. 논리적인 글을 많이 읽으면 논리적인 생각이나 논리의 구조에 대해서 익숙해진다. 또 한편으로 학생은 논리적인 사고, 자신의 관점이나 의견을 뒷받침하는 자료들을 수집해야 한다.

계획을 세워 공부하자

공부는 계획이 있어야 능률적인 학습이 될 수 있다. 공부하는 학생은 자기 나름대로 언제나 알맞은 학습 계획을 세우고, 그 계획을 실천하는 데 전력을 다해야 한다. 공부를 잘하기 위하여 효과적인 학습 계획은 반드시 필요하다.

효과적인 학습 계획을 세우려면 생활을 체계적으로 계획하는 능력이 있어야 한다. 자신의 생활을 체계적으로 계획하여 실천하면 자기 주도적으로 학업 생활을 할 수 있는 기초가 된다. 체계적인 생활을 하지 못하면서 학업 생활을 계획하는 것은 실천하기 어렵다. 학생은 그때 그때의 상황에 의해 계획을 세우지 말고 전체를 보고 계획해야 한다.

학습 계획은 자신의 학습 전체에 대한 소망을 갖고 해마다의 계획을 세우고 그 다음 매달과 매주의 부분적인 계획을 세운 후, 거기에 따라 다시 하루하루의 세부적인 계획을 세우는 것이 좋다.

그러나 학습 계획은 개인에 따라서 다양하게 나타난다. 시간 단위로 공부하는 사람이 있는가 하면, 하루 단위로 공부하는 사람도 있고, 주간 단위로 공부하는 사람도 있고, 또 크게는 연간 단위로 공부하는 사람도 있을 것이다. 그러나 무엇보다 중요한 것은 자신의 공부에 대해서 전체와 부분을 조정하여 공부할 수 있는 능력을 가져야 한다는 것이다.

공부하는 시간 계획은 일상적인 생활과 잘 조화되어 실천할 수 있게 짜여져야 한다. 일상적인 생활은 고정 활동과 자유 활동으로 나누어 생각해 볼 수 있다. 고정 활동은 수면, 식사, 등하교, 학교 수업, 종교의식 참석, 읽기, 쓰기 등이다. 그러므로 자유 활동의 시간을 조절하여 공부하는 것을 계획하면 공부의 효율은 높아질 수 있고, 공부를 잘할 수 있다.

학습 계획은 기간 단위를 기준으로 생각할 때 연간 계획, 월간 계획, 주간 계획, 일간 계획으로 생각해 볼 수 있다.

연간 계획은 학습 계획이라기보다 학습목표 설정이라고 생각할 수 있다. 따라서 연간 계획에서는 일 년간 공부하는 데 집중해야 할 목표를 설정하는 것이 좋다.

월간 계획은 그 달의 구체적인 상황을 검토해서 실천 가능한 계획으로 세워야 한다. 월간 계획은 학교 수업진도에 맞추어 짜야 한다. 각 학생은 학교 시간 이외의 시간에 대한 계획을 세우면 된다.

주간 계획은 요일별로 공부할 과목과 범위를 정하는 것이 좋다. 주간 계획을 자세히 정하면, 학생은 무슨 공부를 할지 망설이거나 기분 내키는 대로 이것저것 공부하는 것을 방지할 수 있다. 주간 계획은 새 주간이 시작되기 전에 토요일이나 일요일에 계획을 세워야 한다.

계획은 내용이나 형식에 구애될 필요 없이 자신에게 맞는 형식으로 세워야 한다. 학습은 계획을 세우고 그 계획대로 실천을 해야 한다. 계획만 세워 놓고, 실천하지 않으면 계획은 없는 것이나 다름없다. 계획은 꾸준히 실천되어 습관화가 되어야 한다.

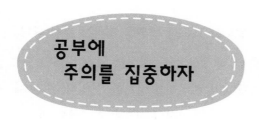

공부에 주의를 집중하자

 대체로 공부를 잘하는 학생들은 집중력이 강하다. 학교에서 수업을 할 때나 혼자 공부를 할 때 집중하여 공부에 몰두한다. 그래서 능률적인 공부가 된다.

그러나 공부를 못하는 학생은 공부를 하면서도 잡념이 많고 쓸데없는 공상에 헤매이기도 한다. 이런 학생은 책상 앞에 앉아 공부하는 것 같은데 실제로는 제대로 공부를 하지 못한다. 수업시간에도 멍하니 딴 생각에 잠겨 있다. 공부를 잘하려면 주의가 산만한 습성이 고쳐져야 한다.

공부를 잘하기 위해 학생은 주의가 산만한 상태를 고쳐 보겠다는 의지를 강하게 갖고 노력해야 한다. 잡념이란 공부 내용에 흥미가 없어서 생긴다. 그러므로 무엇보다 즐겁게 공부하는 자세를 가져야 한다.

또한, 공부할 때 내용을 분석하고 정리해 보면서 바쁘게 하여 잡념이 일어나지 않게 해야 한다. 주의를 산만하게 흐트려 주의집중을 깨뜨리는 요소들은 정리되어야 한다. 공부방은 언제나 공부할 기분이 살아나도록 조용하고 차분한 분위기를 유지하도록 한다.

완전한 주의 집중은 대단히 어렵다. 사람의 두뇌는 끊임없이 많은 생각을 하게 되어 있어 한 가지 생각만을 줄곧 간직하기가 어렵다. 그래서 같은 내용이 장시간 계속되어 지루할 때에도 주의 집중은 잘 되지 않는다. 막연히 공부를 하기 보다 주의를 집중하여 공부하겠다는 의지를 갖고, 주의를 집중하는 노력을 해야 한다.

공부를 잘하는 것은 공부할 시간을 많이 가지는 것보다 주의를 집중하여 공부하는 것이다. 주의 집중을 방해하는 요소들을 정리하고 조용히 앉아 한 가지 생각을 20분, 30분씩 생각해보는 사색의 시간을 가져 보자.

또, 휴식 시간에 주위의 시끌벅적한 분위기 속에서 눈을 감고 명상의 시간을 즐기는 주의 집중의 훈련도 해보자.

공부를 하다가 싫증이 오는 것은 매우 자연스러운 현상이다. 공부를 잘하려면 싫증을 효과적으로 관리하는 것이 필요하다. 공부를 매일 하다 보면 가끔 싫증이 오는 것은 어쩔 수 없다.

공부가 재미있는 학생이라도 한결같이 날마다 재미가 있을 수 없다. 피곤하거나 기분이 좋지 않을 때, 공부 내용이 어렵고 잘 이해되지 않을 때 싫증이 겹쳐 온다. 이 싫증 상태가 며칠 간 계속되면 슬럼프 현상이 일어난다. 싫증이 자주 일어나지 않도록 미리 예방하고, 싫증이 나타나더라도 길게 끌지 않는 게 중요하다.

싫증을 효과적으로 관리하는 방법은 그 원인을 먼저 분석해 보아야 한다.

첫째로 의욕, 희망 그리고 기대가 없어질 때, 둘째로 공부 내용에 흥미가 사라질 때, 셋째로 학습 내용이 어려워 이해되지 않을 때,

넷째로 피로하거나 기분이 좋지 않을 때, 다섯째로 싫증 상태가 며칠 간 계속되는 슬럼프 현상, 다시 말해서 부진 현상이 나타날 때, 싫증이 일어난다.

싫증이 일어났을 때 싫증에서 빨리 벗어나는 것이 좋다. 싫증에 대한 현명한 대응 방법을 생각해 보자.

첫째로 피곤하거나 기분이 나쁠 때 피로를 회복하고 마음을 가볍게 만든 후에 다시 공부하는 것이 좋다.

둘째로 공부하는 도중에 약간의 싫증이 일어나더라도 인내심을 가지고 공부해야 한다. 공부를 계속하다 보면 싫증은 곧 사라지게 된다.

셋째로 공부하는 것이 힘들고 어렵다거나 따분하다고 생각하지 마라. 공부한다는 것은 행복한 것이고 감사하다는 마음을 가지면 싫증은 사라진다.

공부하는 사람은 누구나 많든 적든 싫증을 느낀다. 일반적으로 공부를 잘하는 학생보다 공부를 못하는 학생이 싫증을 느끼는 횟수가 더 많다.

성적이 뒤떨어진 학생은 공부에 흥미를 잃고 있다. 공부에 흥미를 잃고 있기 때문에 습관적으로 쉽게 싫증에서 벗어나지 못하는 현상을 겪는다.

그러나 공부를 잘하는 학생은 싫증이 오는 횟수가 적고 가볍다.

그래서 그들은 비교적 꾸준하고 안정적으로 공부할 수 있다.

　나 자신은 어떠한가? 공부에 대한 싫증을 많이 느끼고 있는가, 혹은 적게 느끼는가?

　자신에게 맞는 대처법을 찾아서 현명하게 싫증에서 벗어나는 것이 슬기롭게 공부하는 방법이다.

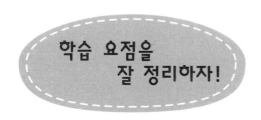

학습 요점을 잘 정리하자!

　　공부는 학습요점을 골라 내고 익혀서 응용하는 작업이라고 할 수 있다.

　　교재에 설명된 분량은 많지만 그 알맹이가 되는 학습요점은 몇 가지 사항으로 요약된다. 평소의 학습 과정에서 학습요점을 가려내어 체계적으로 정리하여 충분히 숙지하고 익혀서 기억해 두는 것은 매우 중요하다.

　　공부를 잘하려면 학습요점을 정확하게 찾아 체계적으로 정리하여 익히는 능력이 숙달되어야 한다.

　　학습요점은 일목요연하게 정리되어야 한다. 자신이 판단하여 정리한 학습요점에 빠진 점이나 부족한 점은 없는지 알아 보고 분석하여 보강하도록 한다.

　　또한 학습요점은 과목별로, 내용별로 체계적이고 구체적으로 노트에 정리해 두는 것이 좋다. 학습요점은 자신이 나름대로 찾기 편하게 정리한다.

한 가지 더 말한다면 자신이 학습요점을 정리하는 것이 싫다고 책이나 참고서만 보면서 요점을 기억하면 안 된다. 노력이 적으면 소득도 적다는 것을 알아야 한다.

학습요점은 매일 자주 확인하고 틈나는 대로 머릿속에 연상해 보는 것이 좋다. 머릿속으로 연상해 보는 것은 짧은 시간에 많은 분량의 공부를 하는 것이다.

학습요점을 항상 몸에 지니고 다니며 익히다 보면 자연히 깊이 있는 공부가 된다.

이밖의 구체적인 방법들은 본문을 참조하기 바란다.

공부는 무엇보다 마음가짐이 중요하다. 부록을 통해서 굳이 마음가짐을 중점적으로 다시 적어 놓은 이유도 여기에 있다.

사람의 인생은 단 한 번뿐인 것이기 때문에 다시 되돌려 수정할 수는 없다. 이 책을 읽어 준 학생들이여. 소중한 나의 인생 그것도 지금은 내 인생에서 가장 아름다운 꽃 같은 시기라는 것을 명심하길 바란다. 그 꽃 같은 시기 자신에게 주어진 길에 최선을 다하는 열정이야말로 세상의 모든 꽃이 아름다운 이유와 같기 때문에….

상위그룹 5% 학생들의 공부비법

2010년 11월 25일 초판 1쇄 인쇄
2013년 11월 05일 초판 3쇄 발행

저자 | 강현구
기획 | 김종찬
펴낸이 | 김정재 · 김재욱

펴낸곳 | 나래북 · 예림북
등록번호 | 제313-2007-27호
주소 | 서울시 마포구 독막로 10(합정동) 성지빌딩 616
전화 | 02)3141-6147
팩스 | 02)3141-6148
이메일 | scrap30@msn.com

표지디자인 및 편집 | 김민호
출력 | 예킴출력 **인쇄** | 범선문화사
제본 | 대명P&G **유통** | 진성사 · 나눔북

ISBN | 978-89-94134-05-5 03370